- Sepuluh Perintah -

Hukum Allah

Dr. Jaerock Lee

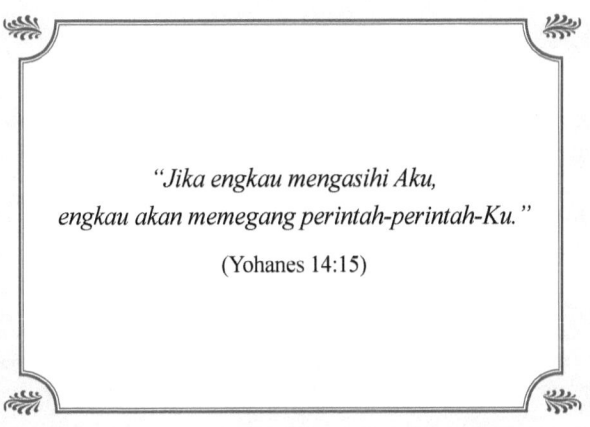

*"Jika engkau mengasihi Aku,
engkau akan memegang perintah-perintah-Ku."*

(Yohanes 14:15)

Hukum Allah oleh Dr. Jaerock Lee
Diterbitkan oleh Urim Books (Perwakilan: Sungnam Vin)
73, Yeouidaebang-ro 22-gil, Dongjak-Gu, Seoul, Korea
www.urimbooks.com

Hak cipta dilindungi. Buku ini atau bagian daripadanya tidak dapat direproduksi dalam bentuk apa pun, disimpan dalam sistem pencarian, atau dikirim dalam bentuk apa pun atau dengan cara apa pun, elektronik, mekanik, fotokopi, rekaman, atau sebaliknya, tanpa izin tertulis dari penerbit.

Hak cipta © 2020 oleh Dr Jaerock Lee
ISBN: 979-11-263-0570-4 03230
Hak Cipta Terjemahan © 2009 oleh Dr. Esther K. Chung. Digunakan dengan izin.

Sebelumnya diterbitkan dalam bahasa Korea di tahun 2007 oleh Urim Books di Seoul, Korea

Pertama kali diterbitkan pada Februari 2020

Disunting oleh Dr Geumsun Vin
Dirancang oleh Biro Editorial Urim Books
Dicetak oleh Percetakan Yewon perusahaan
Untuk informasi lebih lanjut hubungi: urimbook@hotmail.com

Kata Pengantar

Selama melayani, saya menerima begitu banyak pertanyaan seperti, "Di manakah Allah?" atau "Tunjukkanlah Allah kepada saya," atau "Bagaimana saya dapat bertemu dengan Allah?" Orang-orang menanyakan ini semua karena mereka tidak tahu bagaimana bertemu dengan Allah. Padahal jalan untuk bertemu dengan Allah jauh lebih mudah dari yang kita pikirkan. Kita tidak dapat bertemu Allah hanya dengan mempelajari perintah-perintah-Nya dan menaatinya. Namun, walaupun banyak orang mengetahui fakta ini dengan pikirannya, mereka gagal menaati perintah-perintah tersebut karena mereka tidak mengerti signifikansi rohani yang terangkum dalam masing-masing perintah yang merupakan hasil dari kasih Bapa yang mendalam kepada kita.

Sama seperti seseorang memerlukan pendidikan yang cukup untuk mempersiapkan diri menghadapi masyarakat, seorang anak Allah juga memerlukan pendidikan yang cukup untuk dipersiapkan menghadapi surga. Di sinilah fungsinya hukum-hukum Allah. Hukum Allah atau Sepuluh Perintah-Nya, harus diajarkan kepada setiap anak Allah yang baru, dan diterapkan dalam kehidupan setiap orang Kristen. *Hukum Allah* adalah perintah-perintah yang dibuat Allah bagi kita sebagai cara untuk membuat kita semakin mendekat kepada-Nya, memperoleh jawaban-jawaban dari-Nya, dan bersama dengan Dia. Dengan kata lain, mempelajari *Hukum Allah* adalah kunci kita untuk bertemu dengan Allah.

Sekitar tahun 1446 SM, segera setelah bangsa Israel meninggalkan Mesir, Allah ingin membawa mereka ke negeri yang berlimpah dengan susu dan madu, atau yang juga dikenal sebagai tanah Kanaan. Supaya hal ini dapat terjadi, bangsa Israel perlu memahami kehendak Allah, dan mereka juga perlu mengetahui apa arti sesungguhnya menjadi anak-anak Allah. Karena itulah Allah dengan penuh kasih memahatkan Sepuluh Perintah, yang dengan ringkas merangkum semua hukum-Nya, pada dua loh batu (Keluaran 24:12). Ia kemudian memberikan loh-loh batu itu kepada Musa supaya ia dapat mendidik bangsa Israel tentang bagaimana mereka dapat pergi ke tempat yang Allah inginkan bagi mereka, yang tepatnya, dalam hadirat-Nya, dengan mengajari mereka tentang kewajiban-kewajiban sebagai anak-anak Allah.

Kurang lebih tiga puluh tahun lalu, setelah saya bertemu dengan Allah yang hidup, saya menjadi belajar dan menaati hukum-hukum-Nya saat datang ke gereja dan mengikuti setiap kebaktian kebangunan rohani yang dapat saya temukan. Dimulai dengan berhenti merokok dan minum minuman keras, saya belajar tentang memelihara kekudusan hari Sabat, memberikan perpuluhan dengan setia, berdoa, dll. Di dalam sebuah buku catatan kecil, saya mulai mencatat dosa-dosa yang dapat segera saya buang. Kemudian saya berdoa dan berpuasa, meminta Allah untuk menolong saya agar dapat taat pada perintah-perintah-Nya. Akibatnya, berkat yang saya terima sungguh luar biasa!

Pertama, Allah memberkati keluarga kami secara jasmani sehingga kami tidak pernah sakit. Kemudian Ia memberikan begitu banyak berkat finansial sehingga kami dapat dengan bebas memusatkan perhatian pada menolong orang-orang yang membutuhkan. Yang terakhir, Ia mencurahkan begitu banyak berkat rohani atas saya sehingga sekarang saya dapat memimpin sebuah pelayanan global yang ditujukan pada penginjilan dan misi dunia.

Jika Anda mempelajari perintah-perintah Allah dan menaatinya, Anda tidak hanya akan makmur dalam segala bidang kehidupan Anda, tetapi Anda juga akan dapat mengalami kemuliaan seterang matahari, begitu Anda masuk ke dalam kerajaan kekal-Nya.

Buku *"Hukum Allah"* ini adalah kompilasi dari seri khotbah berdasarkan firman-Nya, dan ilham tentang "Sepuluh Perintah Allah" yang saya terima selama berpuasa dan berdoa tidak lama setelah saya memulai pelayanan saya. Melalui pesan-pesan ini, banyak orang percaya yang jadi mengerti akan kasih Allah, dan mereka mulai menjalani kehidupan yang taat pada perintah-perintah-Nya, dan dengan demikian menjadi sejahtera secara rohani dan dalam segala area kehidupan mereka. Lebih lanjut, banyak orang percaya yang mengalami menerima jawaban atas setiap doa mereka. Yang terpenting, mereka semua jadi memiliki pengharapan yang lebih besar akan surga.

Maka jika Anda menjadi tahu akan pentingnya secara rohani Sepuluh Perintah Allah yang dibahas dalam buku ini, dan jadi mengerti kasih Allah yang mendalam yang memberikan kepada kita Sepuluh Perintah ini dan memutuskan untuk hidup dalam ketaatan pada perintah-perintah-Nya, saya dapat menjamin bahwa Anda akan menerima berkat yang luar bisa dari Tuhan. Dalam Ulangan 28:1-2, dikatakan bahwa engkau akan diberkati sepanjang waktu: *"Jika engkau baik-baik mendengarkan suara TUHAN, Allahmu, dan melakukan dengan setia segala perintah-Nya yang kusampaikan kepadamu pada hari ini, maka TUHAN, Allahmu, akan mengangkat engkau di atas segala bangsa di bumi. Segala berkat ini akan datang kepadamu dan menjadi bagianmu, jika engkau mendengarkan suara Tuhan Allahmu."*

Saya ingin berterima-kasih kepada Geumsun Vin, Direktur Biro Editorial, Urim Books, dan stafnya untuk dedikasi mereka yang tiada banding dan kontribusi yang tak ternilai harganya untuk pembuatan buku ini. Saya juga berdoa dalam nama Tuhan kita agar semua orang yang memperoleh buku ini akan dapat mengerti dengan mudah tentang hukum-hukum Allah, dan menaati perintah-perintah-Nya untuk menjadi anak Allah yang semakin dikasihi, dan dengan demikian semakin diberkati.

Jaerock Lee

Pendahuluan

Kami memberikan segala kemuliaan bagi Allah Bapa yang telah membuat kami dapat mengumpulkan bahan pelajaran tentang Sepuluh Perintah Allah, yang mengandung isi hati dan kehendak Allah, ke dalam buku ini, *Hukum Allah*.

Pertama, "Kasih Allah yang Terkandung di Dalam Sepuluh Perintah," memenuhi pembaca dengan informasi latar belakang yang cukup tentang Kesepuluh Perintah Allah. Ini menjawab pertanyaan-pertanyaan, "Apakah tepatnya Sepuluh Perintah Allah itu?" Bab ini juga menerangkan bahwa Allah memberikan kita Sepuluh Perintah karena Ia mengasihi kita, dan Ia sungguh ingin memberkati kita. Jadi, ketika kita menaati masing-masing perintah dengan kuasa kasih Allah, maka kita dapat menerima semua berkat yang telah disediakan-Nya bagi kita.

Di dalam "Perintah Pertama," kita belajar bahwa jika

seseorang mengasihi Allah, ia akan dapat dengan mudah menaati perintah-perintah-Nya. Bab ini juga membahas pertanyaan tentang mengapa perintah pertama dari Allah menyuruh kita agar tidak menempatkan allah lain di hadapan-Nya.

"Perintah Kedua," meliputi tentang betapa penting untuk kita tidak pernah menyembah berhala – atau dalam pengertian rohani – mengasihi sesuatu melebihi kasih kita kepada Allah. Di sini, kita juga belahar tentang konsekuensi rohani saat kita menyembah berhala dan saat kita tidak melakukannya, dan berkat serta kutuk yang spesifik yang masuk ke dalam hidup kita sebagai akibatnya.

Bab "Perintah Ketiga" Menerangkan tentang apa artinya menyebut nama TUHAN dengan sembarangan, dan apa yang harus dilakukan untuk menghindari melakukan hal tersebut.

Di dalam "Perintah Keempat" kita belajar tentang makna sejati dari "Sabat", dan mengapa Sabat berubah dari hari Sabtu menjadi hari Minggu, pindah dari Perjanjian Lama ke Perjanjian Baru. Bab ini juga menerangkan dengan tepat bagaimana agar kita dapat menjaga kekudusan hari Sabat, terutama dalam tiga cara berbeda. Bab ini juga menggambarkan keadaan-keadaan dimana berlaku pengecualian terhadap perintah ini—saat pekerjaan dan transaksi bisnis pada hari Sabat dapat diperbolehkan.

"Perintah Kelima" menerangkan secara mendetil tentang bagaimana kita harus menghormati orangtua kita dengan cara yang terbaik. Kita juga belajar mengenai artinya untuk menghormati Allah, yang merupakan Bapa dari roh kita, dan jenis berkat seperti apa yang kita terima saat kita menghormati Dia, dan orangtua jasmani kita, dalam kebenaran-Nya.

Bab "Perintah Keenam" terdiri atas dua bagian: bagian pertama fokus pada dosa melakukan pembunuhan jasmani, dan bagian kedua adalah penjelasan rohani tentang melakukan dosa pembunuhan dalam hati seseorang, yang mungkin dilakukan oleh banyak orang percaya, tetapi seringkali tidak mereka sadari.

"Perintah Ketujuh" membahas tentang dosa melakukan perzinaan secara fisik dan dosa melakukan perzinaan dalam hati atau pikiran seseorang, yang merupakan dosa yang lebih menakutkan daripada perzinaan yang pertama. Bab ini juga membahas tentang signifikansi rohani dari perbuatan melakukan dosa ini, dan proses doa dan puasa, yang membuat kita dapat membuang dosa ini dengan pertolongan dari Roh Kudus dan kasih karunia serta kuasa Allah.

"Perintah Kedelapan" menggambarkan tentang definisi jasmani dari mencuri, dan definisi rohani dari mencuri. Bab ini juga secara spesifik menerangkan bagaimana seseorang dapat melakukan dosa mencuri dari Allah dengan tidak memberikan persepuluhan dan persembahannya, atau bahkan salah menyampaikan firman Allah.

"Perintah Kesembilan" berhubungan dengan tiga jenis berbeda dari mengucapkan saksi dusta, atau berbohong. Bab ini juga menekankan bagaimana seseorang dapat menarik akar kebohongan dari dalam hatinya dengan memenuhi hatinya dengan kebenaran.

"Perintah Kesepuluh" menjelaskan tentang contoh-contoh dimana kita dapat berdosa sebagai akibat mengingini milik sesama kita. Kita juga belajar di sini bahwa berkat sejati adalah ketika jiwa kita sejahtera, karena saat jiwa kita sejahtera, kita menerima berkat menjadi sejahtera dalam segala area kehidupan kita.

Akhirnya, di dalam bab terakhir, "Hukum untuk Tinggal Dengan Allah," saat kita mempelajari pelayanan Yesus Kristus yang memenuhi hukum Taurat dengan kasih, kita belajar bahwa kita harus memiliki kasih untuk dapat memenuhi firman Allah. Kita juga belajar tentang jenis kasih yang bahkan melampaui keadilan.

Saya berharap tulisan ini akan membantu Anda, para pembaca, untuk memahami dengan jelas tentang pentingnya Sepuluh Perintah Allah secara rohani. Dan saat Anda menaati perintah-perintah TUHAN, semoga Anda selalu berada dalam hadirat Allah yang terang gemilang. Saya juga berdoa dalam nama Tuhan kita agar saat Anda memenuhi hukum-hukum-Nya, Anda dapat mencapai tempat dalam kehidupan rohani Anda di mana semua doa-doa Anda dijawab, dan berkat-Nya melimpah dalam setiap area kehidupan Anda!

Geumsun Vin
Direktur Biro Editorial

Daftar Isi

Kata Pengantar

Pendahuluan

Bab 1
Kasih Allah yang Terkandung di Dalam Sepuluh Perintah   1

Bab 2 Perintah Pertama
"Jangan Ada Padamu Allah Lain di Hadapan-Ku"   13

Bab 3 Perintah Kedua
"Jangan Membuat Bagimu Patung
atau Menyembahnya"   31

Bab 4 Perintah Ketiga
"Jangan Menyebut Nama TUHAN Allahmu
Dengan Sembarangan"   53

Bab 5 Perintah Keempat
"Ingat dan Kuduskanlah Hari Sabat"   71

Bab 6 Perintah Kelima
"Hormatilah Ayahmu dan Ibumu"   91

Bab 7 Perintah Keenam
"Jangan Membunuh" — 105

Bab 8 Perintah Ketujuh
"Jangan Berzina" — 121

Bab 9 Perintah Kedelapan
"Jangan Mencuri" — 139

Bab 10 Perintah Kesembilan
"Jangan Mengucapkan Saksi Dusta Tentang Sesamamu" — 155

Bab 11 Perintah Kesepuluh
"Jangan Mengingini Rumah Sesamamu" — 169

Bab 12
Hukum untuk Tinggal Dengan Allah — 185

Bab 1

Kasih Allah yang Terkandung di Dalam Sepuluh Perintah

Keluaran 20:5-6

"Jangan sujud menyembah kepadanya atau beribadah kepadanya, sebab Aku, TUHAN, Allahmu, adalah Allah yang cemburu, yang membalaskan kesalahan bapa kepada anak-anaknya, kepada keturunan yang ketiga dan keempat dari orang-orang yang membenci Aku, tetapi Aku menunjukkan kasih setia kepada beribu-ribu orang, yaitu mereka yang mengasihi Aku dan yang berpegang pada perintah-perintah-Ku."

Empat ribu tahun yang lalu, Allah memilih Abraham sebagai bapa iman. Allah memberkati Abraham dan membuat sebuah perjanjian dengannya, berjanji kepadanya bahwa keturunannya "akan sebanyak bintang-bintang di langit dan sebanyak pasir di pantai."

Dan pada waktu-Nya, Allah dengan setia membentuk bangsa Israel melalui kedua belas anak-anak Yakub, cucu Abraham. Di bawah penyertaan Allah, Yakub dan anak-anaknya pindah ke Mesir untuk menghindari bencana kelaparan dan hidup di sana selama 400. Semua ini merupakan bagian dari rencana kasih Allah untuk melindungi mereka dari bangsa-bangsa yang tidak mengenal Allah agar mereka bisa tumbuh menjadi bangsa yang lebih besar dan kuat.

Keluarga Yakub bertumbuh dari sejumlah tujuh puluh orang – saat pertama kali mereka pindah ke Mesir – menjadi jumlah yang cukup besar untuk membentuk sebuah bangsa. Dan saat bangsa ini semakin kuat, Allah memilih seorang bernama Musa untuk menjadi pemimpin bangsa Israel. Kemudian Allah memimpin mereka menuju Tanah Perjanjian Kanaan, tanah yang berlimpah dengan susu dan madu.

Sepuluh Perintah merupakan firman penuh kasih yang Allah berikan kepada bangsa Israel saat memimpin mereka menuju Tanah Perjanjian

Agar bangsa Israel bisa memasuki tanah Kanaan yang

diberkati, mereka harus memenuhi dua persyaratan: mereka harus beriman kepada Allah; dan mereka harus taat kepada-Nya. Namun demikian, tanpa seperangkat standar atas iman dan ketaatan, mereka tidak akan bisa mengerti apa arti sesungguhnya beriman dan menjadi taat. Inilah sebabnya Allah memberikan Sepuluh Perintah melalui pemimpin mereka, Musa.

Sepuluh Perintah itu merupakan serangkaian peraturan yang menetapkan standar yang harus diikuti oleh manusia, namun Allah tidak secara otokratis memaksa mereka untuk menaati perintah itu. Barulah setelah menunjukkan kepada mereka dan membuat mereka mengalami kuasa-Nya yang ajaib – dengan mengirimkan sepuluh tulah kepada Mesir, membelah Laut Merah, mengubah air yang pahit menjadi manis di Mara, memberi makan bangsa Israel dengan manna dan burung puyuh – Allah memberikan kepada mereka Sepuluh Perintah untuk diikuti.

Informasi terpenting di sini adalah bahwa setiap firman Allah, termasuk Sepuluh Perintah, tidak hanya diperuntukkan bagi bangsa Israel, tapi juga bagi semua orang yang percaya kepada-Nya sekarang, sebagai jalan pintas untuk menerima kasih dan berkat-Nya.

Hati Allah yang Memberikan Sepuluh Perintah

Saat membesarkan anak, orangtua mengajarkan peraturan

yang tak terhitung banyaknya kepada anak-anaknya; peraturan semacam "Kamu harus cuci tangan setelah bermain di luar," atau "Jangan pernah menyeberang jalan saat lampu pejalan kaki sedang merah."

Orangtua tidak memborbardir anak-anaknya dengan semua peraturan itu untuk menyulitkan mereka. Mereka mengajarkan semua peraturan itu kepada anak-anaknya karena mereka mengasihi anak-anaknya. Sudah merupakan hasrat alami orangtua untuk melindungi anak-anaknya dari penyakit dan bahaya, menjaga mereka, dan membantu mereka untuk hidup sejahtera sepanjang hidup mereka. Inilah alasan yang sama Allah memberikan Sepuluh Perintah kepada kita, anak-anak-Nya: karena Ia mengasihi kita.

Di Keluaran 15:26, Allah berfirman, *"Jika kamu sungguh-sungguh mendengarkan suara TUHAN, Allahmu, dan melakukan apa yang benar di mata-Nya, dan memasang telingamu kepada perintah-perintah-Nya dan tetap mengikuti segala ketetapan-Nya, maka Aku tidak akan menimpakan kepadamu penyakit manapun, yang telah Kutimpakan kepada orang Mesir; sebab Aku Tuhanlah yang menyembuhkan engkau."*

Dalam Imamat 26:3-5, Allah berfirman, *"Jikalau kamu hidup menurut ketetapan-Ku dan tetap berpegang pada perintah-Ku serta melakukannya, maka Aku akan memberi kamu hujan pada masanya, sehingga tanah itu memberi hasilnya dan pohon-pohonan di ladangmu akan memberi buahnya. Lamanya musim mengirik bagimu akan sampai kepada musim memetik buah anggur dan lamanya musim memetik buah anggur akan sampai kepada musim menabur. Kamu akan makan makananmu sampai kenyang dan diam di negerimu dengan aman tenteram."*

Allah memberikan kita perintah itu agar kita tahu bagaimana menjumpai Allah, menerima berkat dan jawaban atas doa-doa kita, dan yang terutama agar hidup kita penuh damai dan sukacita.

Alasan lain mengapa kita perlu menaati hukum-hukum Allah, termasuk Sepuluh Perintah, adalah karena hukum alam rohani yang adil. Sama seperti setiap bangsa memiliki hukumnya sendiri, kerajaan Allah memiliki hukum rohani yang ditetapkan oleh Allah. Walaupun Allah menciptakan alam semesta dan Ia adalah Pencipta yang memiliki kendali mutlak atas kehidupan, kematian, kutuk, dan berkat, Ia bukanlah seorang totalitarian. Itulah sebabnya sekalipun Ia adalah Pencipta hukum, Ia sendiri menaati hukum itu.

Sama seperti kita menaati hukum negara kita, jika kita telah menerima Yesus Kristus sebagai Juru Selamat kita dan telah menjadi anak-anak Allah dan dengan demikian menjadi warga negara kerajaan-Nya, kita harus menaati hukum Allah dan kerajaan-Nya.

Di dalam 1 Raja-Raja 2:3 tertulis, *"Lakukanlah kewajibanmu dengan setia terhadap TUHAN, Allahmu, dengan hidup menurut jalan yang ditunjukkan-Nya, dan dengan tetap mengikuti segala ketetapan, perintah, peraturan dan ketentuan-Nya, seperti yang tertulis dalam hukum Musa, supaya engkau beruntung dalam segala yang kaulakukan dan dalam segala yang kautuju."*

Menaati hukum Allah berarti menaati firman Allah, termasuk Sepuluh Perintah, yang tertulis di dalam Alkitab. Ketika Anda menaati hukum ini, Anda bisa menerima perlindungan dan berkat Allah dan sejahtera kemana pun Anda pergi.

Sebaliknya, ketika Anda melanggar hukum Allah, Iblis musuh kita memiliki hak untuk membawa pencobaan dan kesukaran pada Anda, sehingga Allah tidak bisa melindungi Anda. Melanggar perintah Allah berarti berbuat dosa, dan dengan demikian menjadi budak bagi dosa dan Iblis, yang pada akhirnya akan memimpin Anda ke neraka.

Allah Ingin Memberkati Kita

Jadi alasan utama mengapa Allah memberikan Sepuluh Perintah Allah kepada kita adalah karena Ia mengasihi kita dan ingin memberkati kita. Ia tidak hanya ingin agar kita mengalami berkat abadi di surga tapi Ia juga ingin agar kita menerima berkat-Nya di bumi dan menjadi kaya dalam apa pun yang kita lakukan di sini. Ketika kita menyadari kasih Allah ini, kita hanya akan bersyukur kepada Allah karena telah memberikan perintah itu dan dengan senang hati menaati perintah-Nya.

Kita bisa melihat anak-anak berusaha keras menaati orangtuanya saat mereka benar-benar menyadari betapa orangtuanya mengasihinya. Sekalipun mereka gagal menaati orangtua mereka dan mereka dihukum, karena mereka tahu orangtuanya bertindak atas dasar kasih, mereka bisa berkata, "Ayah/Ibu, saya akan berusaha lebih baik lain kali," dan dengan penuh kasih berlari ke pelukan orangtua mereka. Dan saat mereka dewasa serta memiliki pemahaman lebih mendalam akan kasih dan perhatian orangtuanya, anak-anak akan menaati ajaran orangtuanya itu agar orangtuanya bersukacita.

Kasih sejati orangtua merupakan hal yang memberikan kekuatan bagi anak-anak untuk taat. Ini sama seperti kita menaati semua firman Allah yang tertulis dalam Alkitab. Manusia berupaya keras menaati perintah Allah saat mereka menyadari bahwa Allah sangat mengasihi kita sehingga Ia mengirimkan Anak tunggal-Nya, Yesus Kristus, ke dalam dunia ini untuk mati di kayu salib bagi kita.

Bahkan, semakin besar iman kitakepada Yesus Kristus, yang tidak berdosa namun menerima segala macam penganiayaan ketika Ia mati di kayu salib bagi kita, akan semakin besar sukacita kita saat kita menaati perintah Allah.

Berkat Yang Kita Terima Ketika Kita Menaati Perintah Allah

Para bapa iman kita, yang menaati setiap firman Allah dan hidup sesuai perintah-Nya, menerima berkat-berkat yang luar biasa dan memuliakan Allah Bapa dengan segenap hati mereka. Dan sekarang, mereka menyinari kita dengan cahaya kebenaran abadi yang tidak akan pernah pudar.

Abraham, Daniel, dan rasul Paulus adalah beberapa dari antara teladan iman. Dan sekarang pun, ada teladan-teladan iman yang melanjutkan apa yang telah dilakukan Abraham, Daniel dan rasul Paulus.

Contohnya, presiden Amerika Serikat ke-16, Abraham Lincoln hanya mengecap sembilan bulan pendidikan, namun karena karakter dan kebaikannya yang patut dipuji, ia dicintai dan dihormati oleh banyak orang sekarang. Ibu Abraham, Nancy Hanks Lincoln, meninggal dunia saat Lincoln masih berusia sembilan tahun, namun saat ia hidup, ia mengajari Abraham Lincoln untuk menghafal ayat-ayat singkat dari Alkitab dan menaati perintah Allah.

Dan saat ia tahu ia akan meninggal, ia memanggil anaknya dan mengucapkan pesan terakhirnya, "Saya ingin kamu mengasihi Allah dan menaati perintah-Nya." Ketika Abraham Lincoln sudah dewasa, menjadi politisi terkenal, dan mengubah sejarah dengan menghapuskan perbudakan, keenampuluh enam kitab Alkitab selalu ada di sisinya. Bagi orang-orang seperti

Lincoln, yang dekat dengan Allah dan menaati perintah-Nya, Allah selalu menunjukkan kepada mereka bukti kasih-Nya.

Tidak lama setelah saya merintis gereja kami, saya mengunjungi sepasang suami istri yang telah menikah bertahun-tahun namun tidak memiliki anak. Dengan bimbingan Roh Kudus, saya memimpin penyembahan dan memberkati pasangan itu. Lalu saya mengajukan sebuah permintaan. Saya meminta mereka untuk menguduskan hari Sabat dengan menyembah Allah setiap hari Minggu, memberikan persepuluhan, dan menaati Sepuluh Perintah Allah.

Pasangan yang baru percaya ini mulai menghadiri kebaktian setiap hari Minggu dan memberikan persepuluhan, sesuai perintah Allah. Sebagai hasilnya, mereka menerima berkat kelahiran anak dan melahirkan anak-anak yang sehat. Tidak hanya itu, mereka juga menerima berkat keuangan yang luar biasa. Sekarang, sang suami melayani di gereja sebagai penatua, dan seluruh keluarganya merupakan pendukung besar dalam program bantuan dan penginjilan.

Menaati perintah Allah adalah seperti memegang lampu dalam gelap gulita. Saat kita memiliki lampu yang terang, kita tidak perlu kuatir akan tersandung di kegelapan. Demikianlah, saat Allah, yang adalah terang, bersama kita. Ia melindungi kita dalam segala keadaan, dan kita bisa menikmati berkat dan otoritas yang diberikan bagi semua anak Allah.

Kunci Untuk Menerima Segala yang Anda Minta

1 Yohanes 3:21-22 berkata, *"Saudara-saudaraku yang kekasih, jikalau hati kita tidak menuduh kita, maka kita mempunyai keberanian percaya untuk mendekati Allah, dan apa saja yang kita minta, kita memperolehnya dari pada-Nya, karena kita menuruti segala perintah-Nya dan berbuat apa yang berkenan kepada-Nya."* Bukankah sangat menyenangkan mengetahui bahwa jika kita menaati perintah Allah yang tertulis dalam Alkitab dan melakukan apa yang menyenangkan Allah, kita bisa dengan berani meminta apa pun dari-Nya dan Ia akan menjawab kita? Pastilah Allah sungguh senang, mengamati dengan mata-Nya yang tajam anak-anak-Nya yang taat dan bisa menjawab semua doa mereka, menurut hukum alam rohani!

Itulah sebabnya Sepuluh Perintah adalah seperti buku pelajaran tentang kasih yang mengajari kita tentang cara terbaik untuk menerima berkat Allah selama kita berada di bumi ini. Sepuluh Perintah Allah mengajari kita bagaimana kita bisa menghindari malapetaka dan bagaimana kita bisa menerima berkat Allah.

Allah tidak memberikan perintah itu untuk menghukum siapa saja yang tidak menaatinya, namun agar kita bisa menikmati berkat abadi di dalam kerajaan-Nya yang indah dengan menaati firman-Nya (1 Timotius 2:4). Saat Anda merasakan dan mengerti hati Allah dan hidup sesuai perintah-Nya, Anda bisa menerima kasih-Nya lebih lagi.

Terlebih, saat Anda mempelajari setiap perintah dengan lebih mendalam, dan saat Anda sepenuhnya menaati setiap perintah Allah dengan kekuatan yang disediakan-Nya dengan penuh kasih, Anda akan bisa menerima semua berkat yang ingin Anda terima dari-Nya.

Bab 2
Perintah Pertama

"Jangan Ada Padamu Allah Lain di Hadapan-Ku"

Keluaran 20:1-3

Lalu Allah mengucapkan segala firman ini:
"Akulah TUHAN, Allahmu, yang membawa engkau keluar dari tanah Mesir, dari tempat perbudakan. Jangan ada padamu allah lain di hadapan-Ku."

Dua orang yang saling mencintai merasa bahagia hanya dengan berkumpul bersama. Itulah sebabnya sepasang kekasih bahkan tidak merasa kedinginan saat menghabiskan waktu bersama di musim dingin, dan itulah sebabnya mereka bisa melakukan apa pun yang diminta pasangannya, tak peduli sesulit apapun, sepanjang itu membuat pasangannya bahagia. Sekalipun mereka harus mengorbankan diri untuk pasangannya, mereka akan merasa senang bahwa mereka bisa melakukan sesuatu bagi pasangannya, dan mereka merasa senang saat mereka melihat sukacita di wajah pasangannya.

Ini mirip dengan kasih kita kepada Allah. Jika kita sungguh-sungguh mengasihi Allah, maka menaati perintah-Nya tidaklah berat; sebaliknya, akan membuat kita bersukacita.

Sepuluh Perintah Allah yang Harus Ditaati Anak-Anak Allah

Sekarang ini, sebagian orang yang menyebut dirinya orang percaya berkata, "Bagaimana kita bisa menaati seluruh Sepuluh Perintah Allah?" Pada dasarnya mereka sedang berkata bahwa karena manusia tidaklah sempurna, tidak mungkin kita bisa sepenuhnya menaati Sepuluh Perintah Allah. Kita hanya bisa mencoba menaati semua perintah itu.

Tapi dalam 1 Yohanes 5:3, tertulis, *"Sebab inilah kasih*

kepada Allah, yaitu, bahwa kita menuruti perintah-perintah-Nya. Perintah-perintah-Nya itu tidak berat." Ini berarti bahwa bukti kita mengasihi Allah adalah ketaatan kita pada perintah-Nya, dan perintah-Nya tidak cukup berat sehingga membuat kita tidak bisa menaatinya.

Pada zaman Perjanjian Lama, manusia harus menaati perintah itu dengan kehendak dan kekuatan mereka sendiri, namun sekarang di zaman Perjanjian Baru, setiap orang yang menerima Yesus Kristus sebagai Juru Selamat menerima Roh Kudus yang menolongnya untuk taat.

Roh Kudus menyatu dengan Allah, dan sesuai dengan hati Allah, Roh Kudus berperan menolong anak-anak Allah. Itulah sebabnya kadangkala Roh Kudus berbicara kepada kita, menghibur kita, membimbing tindakan kita, dan mencurahkan kasih Allah atas kita sehingga kita bisa berperang melawan dosa, bahkan hingga titik mencurahkan darah, dan bertindak menurut kehendak Allah (Kisah Para rasul 9:31, 20:28; Roma 5:5, 8:26).

Saat kita menerima kekuatan dari Roh Kudus, kita bisa mengerti dengan mendalam akan kasih Allah yang menyerahkan Anak-Nya yang tunggal bagi kita, dan kemudian kita bisa dengan mudah menaati apa yang tidak mampu kita taati dengan kehendak dan kekuatan kita sendiri. Ada orang yang terus berkata bahwa sulit untuk menaati perintah Allah dan bahkan tidak mencoba untuk menaatinya. Dan mereka terus hidup dalam dosa. Orang seperti ini tidak sungguh-sungguh mengasihi Allah dari dalam hati mereka.

1 Yohanes 1:6 berkata, *"Jika kita katakan, bahwa kita beroleh persekutuan dengan Dia, namun kita hidup di dalam kegelapan, kita berdusta dan kita tidak melakukan kebenara,"* dan di dalam 1 Yohanes 2:4, tertulis, *"Barangsiapa berkata: Aku mengenal Dia, tetapi ia tidak menuruti perintah-Nya, ia adalah seorang pendusta dan di dalamnya tidak ada kebenaran."*

Jika firman Allah, yang adalah kebenaran dan tunas kehidupan, ada dalam diri seseorang, ia tidak bisa berdosa. Ia akan dipimpin untuk hidup dalam kebenaran. Jadi jika seseorang mengklaim bahwa ia percaya kepada Allah namun tidak menaati perintah-Nya, itu artinya kebenaran tidak benar-benar ada dalam dia, dan ia berdusta di hadapan Allah.

Lalu apa perintah pertama yang harus ditaati oleh anak-anak Allah untuk membuktikan kasih mereka kepada-Nya?

"Jangan Ada Padamu Allah Lain di Hadapan-Ku"

"Padamu" di sini mengacu kepada Musa, yang menerima langsung Sepuluh Perintah dari Allah, bangsa Israel yang menerima perintah itu melalui Musa, dan semua anak-anak

Allah sekarang yang diselamatkan oleh nama Tuhan. Menurut Anda mengapa Allah memerintahkan umat-Nya agar tidak memiliki allah lain di hadapan-Nya sebagai perintah yang pertama?

Ini karena hanya Allah-lah kebenaran, satu-satunya Allah yang hidup, Pencipta alam semesta Yang Mahakuasa. Juga, hanya Allah yang punya kendali tertinggi atas alam semesta, sejarah umat manusia, kehidupan dan kematian, dan Ia memberi kehidupan sejati dan kehidupan kekal kepada manusia.

Allah adalah Pribadi yang menyelamatkan kita dari ikatan dosa dunia ini. Inilah sebabnya selain Allah yang satu dan tunggal, kita tidak boleh menaruh allah lain di hati kita.

Tapi banyak orang bodoh yang menjauhkan dirinya dari Allah dan menghabiskan hidupnya dengan menyembah banyak berhala. Sebagian menyembah patung Buddha, yang bahkan tidak bisa berkedip, sebagian menyembah batu, sebagian menyembah pohon-pohon tua, dan sebgaian bahkan menghadap Kutub Utara dan menyembahnya.

Sebagian orang menyembah alam dan menyerukan nama-nama sedemikian banyak berhala dengan memberhalakan orang-orang mati. Setiap ras dan setiap bangsa memiliki berhala sendiri. Di Jepang saja mereka bilang mereka punya banyak sekali berhala hingga mereka punya delapan juta dewa yang berbeda-beda.

Jadi menurut Anda mengapa orang membuat berhala-berhala dan menyembahnya? Ini karena mereka mencari cara untuk menghibur mereka sendiri, atau mereka hanya mengikuti adat-istiadat nenek moyang mereka yang salah. Atau, mungkin mereka juga punya hasrat egois untuk menerima lebih banyak berkat atau keuntungan dengan menyembah banyak dewa berbeda.

Namun satu hal yang pasti adalah selain Allah Pencipta, tidak ada allah lain yang memiliki kuasa untuk memberkati kita, menyelamatkan kita.

Bukti-Bukti dalam Karakter Allah Sang Pencipta

Tertulis dalam Roma 1:20, *"Sebab apa yang tidak nampak dari pada-Nya, yaitu kekuatan-Nya yang kekal dan keilahian-Nya, dapat nampak kepada pikiran dari karya-Nya sejak dunia diciptakan, sehingga mereka tidak dapat berdalih."* Jika kita melihat hukum-hukum alam, kita bisa melihat keberadaan Pencipta absolut, dan bahwa hanya ada satu Allah Pencipta.

Sebagai contoh, ketika kita melihat umat manusia di bumi ini, semua tubuh manusia memiliki struktur dan fungsi yang sama. Baik orang itu hitam atau putih, tak peduli apapun rasnya, atau asal negaranya, mereka punya dua mata, dua telinga, satu hidung, dan satu mulut, di tempat yang sama di wajah. Lebih lanjut, hal yang sama berlaku juga pada binatang.

Gajah adalah binatang berhidung panjang. Tapi perhatikan bagaimana mereka memiliki satu hidung dan dua lubang hidung. Kelinci, dengan telinga yang panjang, dan singa buas juga punya jumlah mata, mulut, dan telinga yang sama yang berada di tempat yang sama seperti manusia. Organisme hidup yang jumlahnya tak terhingga seperti binatang, ikan, burung, dan bahkan serangga – selain karakteristik khusus yang membedakan mereka satu sama lain – memiliki struktur dan fungsi tubuh yang sama. Ini membuktikan bahwa hanya ada satu pencipta.

Fenomena alam juga dengan jelas membuktikan eksistensi Allah Pencipta. Satu kali sehari, bumi melakukan satu kali rotasi penuh di porosnya, dan sekali setahun, bumi melakukan satu kali revolusi penuh mengelilingi matahari, dan sekali sebulan, bulan berotasi dan berevolusi mengitari bumi. Karena rotasi dan revolusi ini, kita mengalami banyak kejadian alam secara teratur. Kita punya siang dan malam, dan empat musim berbeda. Kita punya pasang dan surut, dan karena perubahan panas kita mengalami sirkulasi atmosfer.

Lokasi dan pergerakan bumi membuat planet ini menjadi tempat tinggal sempurna bagi kelangsungan hidup manusia, dan organisme hidup lainnya. Jarak antara matahari dan bumi tidak mungkin mendekat ataupun menjauh. Jarak antara matahari dan bumi selalu dalam jarak sempurna sejak awal penciptaan, dan rotasi serta revolusi bumi mengelilingi matahari telah terjadi sejak lama, tanpa kesalahan.

Karena alam semesta diciptakan dan beroperasi di bawah hikmat Allah, begitu banyak hal-hal yang tak terbayangkan yang tidak dapat dipahami manusia sepenuhnya, terjadi setiap hari.

Dengan semua bukti-bukti yang pasti ini, tak seorang pun bisa memberikan alasan ini pada hari penghakiman terakhir, "Saya tidak percaya karena saya tidak tahu bahwa Allah ada."

Suatu hari, Sir Isaac Newton meminta seorang mekanik berpengalaman untuk membuat sebuah model canggih tata surya. Seorang temannya yang atheis mengunjunginya suatu hari dan melihat model tata surya itu. Tanpa banyak berpikir, ia memutar alat itu dan hal yang luar biasa terjadi. Masing-masing planet di model itu mulai berputar mengelilingi matahari dengan kecepatan berbeda!

Temannya itu tidak bisa menyembunyikan kekagumannya, dan tiba-tiba berkata, "Ini sungguh model yang luar biasa! Siapa yang membuatnya?" Menurut Anda apa jawaban Newton? Ia berkata, "Oh, tak ada yang membuatnya. Semua sudah seperti ini secara kebetulan."

Temannya itu mengira Newton sedang bercanda, dan dengan segera menjawab, "Apa?! Kamu kira saya orang bodoh? Bagaimana mungkin sebuah model rumit seperti ini tiba-tiba muncul secara kebetulan?"

Akan hal itu, Newton menjawab, "Ini hanyalah model kecil dari sistem tata surya sebenarnya. Kamu berkata bahwa model sesederhana ini pun tidak mungkin ada secara kebetulan tanpa seorang desainer atau seorang pencipta. Lalu bagaimana kamu akan menjelaskan kepada seseorang yang percaya bahwa sistem tata surya yang sebenarnya, yang lebih rumit dan besar, ada tanpa seorang pencipta?"

Inilah yang dituliskan Newton dalam bukunya, *The Philosophiæ Naturalis Principia Mathematica,* yang berarti "Prinsip Matematis Filisofi Alam" dan sering disebut Principia, "Sistem terindah matahari, planet-planet, dan komet, hanya bisa timbul dan bekerja di bawah arahan dan kekuasaan seorang Pribadi yang cerdas dan berkuasa....Dia [Allah] adalah abadi dan tidak terbatas."

Inilah sebabnya banyak sekali ahli ilmu alam yang mempelajari hukum-hukum alam adalah orang Kristen. Semakin mereka mempelajari alam dan semesta, semakin mereka menemukan kemahakuasaan Allah.

Terlebih lagi, melalui mujizat dan tanda-tanda yang terjadi dan dialami orang percaya, melalui para pelayan Allah yang dikasihi dan dikenal-Nya, dan melalui sejarah manusia yang menggenapi nubuatan-nubuatan Alkitab, Allah menunjukkan kepada kita banyak bukti sehingga kita bisa percaya kepada-Nya, Allah yang hidup.

Orang yang Mengenal Allah Sang Pencipta Tanpa Mendengar Injil

Jika Anda melihat sejarah umat manusia, Anda bisa melihat bahwa orang-orang berhati baik yang tidak pernah sekali pun mendengarkan injil mengenali satu-satunya Allah Pencipta dan berusaha hidup dalam kebenaran.

Orang yang hatinya tidak murni dan bimbang menyembah banyak allah berbeda untuk menghibur diri mereka sendiri. Di sisi lain, orang yang hatinya jujur dan bersih hanya menyembah dan melayani satu Allah, Sang Pencipta, sekalipun mereka tidak tahu tentang Allah.

Contohnya, Laksamana Soonshin Yi, yang hidup pada zaman Dinasti Chosun di Korea, melayani negaranya, Raja, dan bangsanya dengan segenap hidupnya. Ia menghormati orangtuanya, dan sepanjang hidupnya, ia tidak pernah mencari keuntungan sendiri, namun mengorbankan dirinya bagi orang lain. Walaupun ia tidak tahu tentang Allah dan Tuhan kita Yesus, ia tidak menyembah dukun-dukun sihir, iblis atau roh jahat, namun dengan nurani yang baik, ia hanya memandang ke langit dan percaya kepada satu pencipta.

Orang-orang yang baik itu tidak pernah mempelajari firman Allah, namun Anda bisa melihat mereka selalu berusaha menjalani hidup yang bersih dan benar. Allah membuka cara bagi orang seperti ini untuk diselamatkan juga, melalui sesuatu yang disebut "Penghakiman Hati Nurani." Ini adalah cara Allah memberikan keselamatan bagi orang-orang pada zaman Perjanjian Lama, atau orang-orang setelah zaman Yesus Kristus yang tidak pernah mendapat kesempatan mendengarkan injil.

Di Roma 2:14-15, tertulis, *"Apabila bangsa-bangsa lain yang tidak memiliki hukum Taurat oleh dorongan diri sendiri melakukan apa yang dituntut hukum Taurat, maka, walaupun mereka tidak memiliki hukum Taurat, mereka menjadi hukum Taurat bagi diri mereka sendiri. Sebab dengan itu mereka menunjukkan, bahwa isi hukum Taurat ada tertulis di dalam hati mereka dan suara hati mereka turut bersaksi dan pikiran mereka saling menuduh atau saling membela."*

Ketika orang dengan nurani yang baik mendengar injil, mereka akan menerima Tuhan di hati mereka dengan sangat mudah. Allah mengizinkan jiwa mereka untuk tinggal sementara di "Dunia Orang Mati Bagian Atas" supaya mereka bisa masuk ke surga.

Saat hidup seseorang berakhir, rohnya meninggalkan tubuh jasmaninya. Roh itu tinggal sementara di sebuah tempat yang di sebut "Dunia Orang Mati." Dunia Orang Mati adalah sebuah tempat sementara dimana roh orang mati belajar beradaptasi dengan alam rohani sebelum menuju tempatnya untuk kekekalan. Tempat ini dibagi menjadi "Dunia Orang Mati Bagian Atas," dimana orang yang diselamatkan menunggu, dan "Dunia orang Mati Bagian Bawah" dimana roh-roh yang tidak diselamatkan menunggu dalam siksaan (Kejadian 37:35; Ayub 7:9; Bilangan 16:33; Lukas 16).

Tapi di Kisah Para Rasul 4:12, tertulis, *"Dan keselamatan tidak ada di dalam siapapun juga selain di dalam Dia, sebab di bawah kolong langit ini tidak ada nama lain yang diberikan kepada manusia yang olehnya kita dapat diselamatkan."* Jadi, untuk memastikan bahwa roh-roh di Dunia Orang Mati bagian Atas mendapat kesempatan mendengarkan injil, Yesus pergi ke sana untuk membagikan injil kepada mereka.

Alkitab mendukung fakta ini. Dalam 1 Petrus 3:18-19, tertulis, *"Sebab juga Kristus telah mati sekali untuk segala dosa kita, Ia yang benar untuk orang-orang yang tidak benar, supaya Ia membawa kita kepada Allah; Ia, yang telah dibunuh dalam keadaan-Nya sebagai manusia, tetapi yang telah dibangkitkan menurut Roh, dan di dalam Roh itu juga Ia pergi memberitakan Injil kepada roh-roh yang di dalam penjara."* Roh-roh "baik" yang ada di Dunia Orang Mati Bagian Atas mengenali Yesus, menerima injil, dan diselamatkan.

Jadi bagi orang yang hidup dengan nurani yang baik dan percaya kepada satu Pencipta, baik dari zaman Perjanjian Lama atau mereka yang tidak pernah mendengar tentang injil ataupun hukum-hukum, Allah yang adil melihat ke kedalaman hati mereka dan membuka pintu keselamatan bagi mereka.

Mengapa Allah Memerintahkan Umat-Nya Agar Tidak Menempatkan Allah Lain di Hadapan-Nya

Sesekali, orang yang tidak percaya berkata, "Kekristenan mengharuskan manusia untuk percaya hanya kepada satu Allah. Bukankah ini membuat agama itu menjadi sangat tidak fleksibel dan eksklusif?"

Ada juga orang yang menyebut dirinya orang percaya namun bergantung pada ramalan telapak tangan, sihir, mantra-mantra dan jimat-jimat.

Secara khusus Allah meminta kita untuk tidak berkompromi dalam hal ini. Ia berkata, "Jangan ada padamu allah lain di hadapan-Ku." Ini artinya kita tidak boleh berhubungan dan memuja berhala atau apa pun ciptaan Allah, ataupun menempatkan mereka setara dengan Allah dengan cara apa pun.

Hanya ada satu Pencipta, yang menciptakan kita, dan hanya Ia yang bisa memberkati kita, dan hanya Dia yang bisa memberi kita kehidupan. Berhala dan para dewa yang disembah orang pada akhirnya berasal dari musuh kita si jahat. Mereka berdiri dalam permusuhan terhadap Allah.

Musuh kita si jahat berusaha mengacaukan orang-orang agar menjauh dari Allah. Dengan menyembah sesuatu yang salah pada akhirnya mereka menyembah Iblis, dan mereka berjalan menuju ke arah kejatuhan mereka sendiri.
Inilah sebabnya orang yang mengklaim percaya kepada Allah namun masih menyembah berhala di hati mereka berada di bawah dominasi si jahat. Dan karena itu mereka terus mengalami rasa sakit, kepedihan dan penderitaan dari sakit, penyakit, dan pencobaan.

Allah adalah kasih, dan Ia tidak ingin umat-Nya menyembah berhala dan berjalan menuju kematian kekal. Itulah sebabnya Ia memerintahkan kita agar tidak memiliki allah lain di hadapan-Nya. Dengan hanya menyembah Allah, kita bisa memiliki kehidupan kekal, dan kita juga bisa menerima berkat melimpah dari-Nya sementara hidup di bumi ini.

Kita Harus Menerima Berkat dengan Setia Mengandalkan Allah Saja

Dalam 1 Tawarikh 16:26, tertulis, *"Sebab segala allah bangsa-bangsa adalah berhala, tetapi Tuhanlah yang menjadikan langit."* Bila Allah tidak pernah berkata, "Jangan ada padamu allah lain di hadapan-Ku," maka orang-orang yang bimbang, atau bahkan sebagian orang percaya bisa tanpa sadar berakhir menyembah berhala dan berjalan menuju kematian kekal.

Kita bisa melihat ini dalam sejarah bangsa Israel sendiri. Bangsa Israel, di antara bangsa lainnya, mengetahui tentang satu-satunya Pencipta alam semesta, dan tak terhitung mereka mengalami kuasa-Nya. Tapi seiring waktu, mereka menjauh dari allah dan mulai menyembah allah dan berhala lain.

Mereka menganggap berhala bangsa-bangsa bukan Yahudi terlihat baik, sehingga mereka mulai menyembah berhala itu di samping Allah. Sebagai akibatnya, mereka mengalami berbagai macam godaan, pencobaan, dan tulah yang ditimbulkan oleh musuh kita si jahat dan Setan atas mereka. Hanya ketika mereka tidak tahan lagi akan kesakitan dan kesukaran, mereka bertobat dan berbalik kepada Allah.

Alasan mengapa Allah, yang adalah kasih, berulang-ulang mengampuni mereka dan menyelamatkan mereka dari kesukaran mereka adalah karena Ia tidak ingin melihat mereka menjalani kematian kekal sebagai akibat penyembahan berhala.

Allah terus-menerus menunjukkan bukti kepada kita bahwa Ia adalah Pencipta, Allah yang hidup, sehingga kita bisa menyembah-Nya, dan hanya Dia. Dia menyelamatkan kita dari dosa melalui anak-Nya yang tunggal, Yesus Kristus, dan menjanjikan kita kehidupan kekal dan memberikan kepada kita pengharapan hidup selamanya di surga.

Allah membantu kita untuk mengetahui dan percaya bahwa Ia adalah Allah yang hidup dengan menunjukkan mujizat, tanda-tanda, dan keajaiban melalui umat-Nya, dan melalui keenampuluh-enam kitab Alkitab serta sejarah manusia.

Konsekuensinya, kita harus menyembah Allah dengan setia, Pencipta alam semesta yang memegang kendali atas segala sesuatu di dalamnya. Dan sebagai anak-anak-Nya, kita harus berbuah lebat dengan hanya mengandalkan-Nya.

Bab 3
Perintah Kedua

"Jangan Membuat Bagimu Patung atau Menyembahnya"

Keluaran 20:4-6

"Jangan membuat bagimu patung yang menyerupai apapun yang ada di langit di atas, atau yang ada di bumi di bawah, atau yang ada di dalam air di bawah bumi. Jangan sujud menyembah kepadanya atau beribadah kepadanya, sebab Aku, TUHAN, Allahmu, adalah Allah yang cemburu, yang membalaskan kesalahan bapa kepada anak-anaknya, kepada keturunan yang ketiga dan keempat dari orang-orang yang membenci Aku, tetapi Aku menunjukkan kasih setia kepada beribu-ribu orang, yaitu mereka yang mengasihi Aku dan yang berpegang pada perintah-perintah-Ku."

"Tuhan mati di kayu salib untuk saya. Bagaimana mungkin saya menyangkal Tuhan karena takut mati? Saya lebih baik mati sepuluh kali bagi Tuhan daripada mengkhianati-Nya dan hidup selama seratus tahun atau bahkan seribu tahun yang sia-sia. Saya hanya punya satu komitmen. Tolong bantu saya untuk mengalahkan kuasa maut sehingga saya tidak mempermalukan Tuhan saya dengan tidak menyayangkan hidupku sendiri."

Itu adalah pengakuan Pendeta Ki-Chol Chu, yang mati martir setelah menolak sujud menyembah pada sebuah tempat suci Jepang. Cerita tentang dia ditulis dalam buku, *More Than Conquerors: The Story of the Martyrdom of Reverend Ki-Chol Chu*. Tanpa gemetar karena takut akan pedang atau senapan, Pendeta Ki-Chol Chu menyerahkan hidupnya untuk menaati perintah Allah untuk tidak menyembah pada berhala apapun.

"Jangan Membuat Bagimu Patung atau Menyembahnya"

Sebagai orang Kristen, merupakan kewajiban kita untuk mengasihi dan menyembah Allah, dan hanya Allah saja. Itulah sebabnya Allah memberikan kepada kita perintah pertama, "Jangan ada padamu allah lain di hadapan-Ku." Dan untuk dengan tegas melarang penyembahan berhala, Ia memberikan perintah kedua, "Jangan membuat bagimu patung. Jangan sujud menyembah kepadanya atau beribadah kepadanya."

Sekilas, Anda mungkin berpikir bahwa perintah pertama dan perintah kedua adalah sama. Tapi keduanya dibuat sebagai perintah terpisah karena keduanya memiliki makna rohani yang berbeda. Perintah pertama merupakan peringatan akan politeisme, dan memberitahukan kita untuk menyembah dan mengasihi hanya satu Allah yang benar.

Perintah kedua adalah sebuah pelajaran menentang penyembahan berhala, dan juga merupakan sebuah penjelasan akan berkat yang Anda terima saat Anda mengasihi Allah. Maka mari kita lihat lebih dekat makna kata 'patung'.

Definisi Fisik "Patung/Berhala"

Kata 'patung/berhala' dapat dijelaskan dengan dua cara; patung fisik dan patung rohani. Pertama, secara fisik, sebuah "patung/berhala" adalah "sebuah gambar atau obyek material yang diciptakan untuk melambangkan seorang dewa yang tidak memiliki bentuk fisik untuk disembah."

Dengan kata lain, sebuah berhala bisa berupa apa saja; pohon, batu, gambar manusia, mamalia, serangga, burung-burung, binatang laut, matahari, bulan, bintang-bintang di langit, atau sesuatu yang dibentuk dari imajinasi manusia yang terbuat dari besi, perak, emas, atau benda lain yang mana seseorang dapat mengarahkan pemujaan dan penyembahan.

Namun berhala yang diciptakan manusia tidak mempunyai nyawa, sehingga tidak bisa menjawab Anda maupun memberkati Anda. Jika manusia, yang diciptakan menurut gambar dan rupa Allah, menciptakan rupa lain dengan tangan mereka dan menyembahnya, memohon kepadanya untuk memberkati mereka, betapa akan tampak bodoh dan lucunya hal itu?

Yesaya 46:6-7 berkata, *"Orang mengeluarkan emas dari dalam kantongnya dan menimbang perak dengan dacing, mereka mengupah tukang emas untuk membuat allah dari bahan itu, lalu mereka menyembahnya, juga sujud kepadanya! Mereka mengangkatnya ke atas bahu dan memikulnya, lalu menaruhnya di tempatnya; di situ ia berdiri dan tidak dapat beralih dari tempatnya. Sekalipun orang berseru kepadanya, ia tidak menjawab dan ia tidak menyelamatkan mereka dari kesesakannya."*

Alkitab tidak hanya menyinggung tentang membuat dan menyembah berhala; tapi juga menyinggung tentang mempercayai mantra-mantra untuk mengusir nasib buruk atau melakukan ritual pengorbanan dengan menyembah orang mati. Bahkan kepercayaan orang pada hal-hal yang tidak logis dan praktek sihir pun masuk ke dalam kategori penyembahan berhala. Orang menyangka mantra-mantra dapat menolak malapetaka dan membawa peruntungan, namun ini tidak benar. Orang yang peka secara rohani bisa melihat kegelapan itu, roh-roh jahat sebenarnya tertarik ke tempat dimana ada mantra dan berhala, dan pada akhirnya roh-roh itu membawa malapetaka dan pencobaan bagi orang-orang yang memiliki mantra-mantra dan berhala. Selain Allah yang hidup, tidak ada allah lain yang bisa membawa berkat sejati bagi manusia. Allah-allah lain sebenarnya merupakan sumber malapetaka dan kutuk.

Lalu mengapa manusia membuat berhala dan menyembahnya? Ini karena manusia memiliki kecenderungan untuk memuaskan diri mereka sendiri dengan benda-benda yang bisa mereka lihat, rasakan, dan sentuh.

Kita bisa melihat kecenderungan hati manusia ini pada bangsa Israel ketika mereka meninggalkan Mesir. Saat mereka berseru kepada Allah mengenai kesakitan dan kerja keras mereka dalam 400 tahun perbudakan, Allah menugaskan Musa sebagai pemimpin mereka untuk keluar dari Mesir, dan Ia menunjukkan kepada mereka berbagai tanda-tanda dan mujizat agar mereka bisa memiliki iman kepada Allah.

Ketika Firaun menolak membiarkan mereka pergi, Allah mengirim sepuluh tulah turun atas Mesir. Dan ketika Laut Merah menghalangi perjalanan bangsa Israel, Allah membelah dua laut itu. Sekalipun telah mengalami mujizat tersebut, sementara Musa berada di atas gunung selama empat puluh hari untuk menerima Sepuluh Perintah Allah, umatnya menjadi tidak sabar dan membuat sebuah berhala serta menyembahnya. Karena hamba Allah, Musa, tidak ada di depan mata mereka,

mereka ingin membuat sesuatu yang bisa mereka lihat dan sembah. Mereka membuat patung lembu emas dan menyebutnya allah yang telah membimbing mereka sejauh ini. Mereka bahkan mempersembahkan korban untuk berhala itu, dan mereka minum, makan, dan menari di hadapan berhala itu. Kejadian ini membuat bangsa Israel mengalami murka Allah yang besar.

Karena Allah adalah roh, manusia tidak bisa melihat-Nya dengan mata jasmani, atau membuat sebuah bentuk fisik yang melambangkan Allah. Inilah sebabnya kita jangan pernah membuat sebuah berhala dan menyebutnya "allah." Dan kita pun tidak boleh menyembahnya.

Dalam Ulangan 4:23, tertulis, *"Hati-hatilah, supaya jangan kamu melupakan perjanjian TUHAN, Allahmu, yang telah diikat-Nya dengan kamu dan membuat bagimu patung yang menyerupai apapun yang oleh TUHAN, Allahmu, dilarang kauperbuat."* Menyembah berhala-berhala yang mati, tidak berkuasa, menggantikan Allah, Sang Pencipta sejati, menimbulkan lebih banyak kerugian daripada kebaikan bagi manusia.

Contoh Penyembahan Berhala

Sebagian orang percaya bisa jatuh ke dalam jebakan penyembahan berhala tanpa menyadarinya. Sebagai contoh, sebagian orang mungkin sujud menyembah gambar Yesus, atau patung Perawan Maria, atau beberapa pelopor iman lainnya.

Sejumlah besar orang mungkin berpikir ini bukan penyembahan berhala, namun ini merupakan sebuah bentuk penyembahan berhala yang tidak disukai Allah. Ini contoh yang bagus: banyak orang yang menyebut Perawan Maria "Bunda Kudus." Tapi jika Anda mempelajari Alkitab, Anda bisa lihat bahwa ini jelas-jelas salah.

Yesus dibuahi oleh Roh Kudus, bukan dari sperma laki-laki dan sel telur perempuan. Karena itu, kita tidak boleh menyebut Perawan Maria "ibu." Sebagai contoh, teknologi masa kini memungkinkan dokter untuk menempatkan sperma laki-laki dan sel telur perempuan ke dalam mesin canggih yang melakukan inseminasi buatan. Ini tidak berarti kita bisa menyebut mesin itu "ibu" dari anak yang lahir lewat proses itu.

Yesus, yang sifat dasar-Nya serupa Allah Bapa, dikandung oleh Roh Kudus, dan dilahirkan melalui tubuh Perawan Maria sehingga Ia bisa datang ke dunia ini dengan tubuh jasmani. Inilah sebabnya Yesus memanggil Perawan Maria "woman/wanita", bukan "ibu" (Yohanes 2:4, 19:26, Alkitab versi bahasa Inggris). Di dalam Alkitab, Maria disebut "ibu" Tuhan hanya karena itu ditulis dari sudut pandang murid-muridnya yang tertulis dalam Alkitab.

Tepat sebelum kematian-Nya, Yesus berkata kepada Yohanes, "Inilah ibumu!" menunjuk kepada Maria. Disini, Yesus meminta Yohanes untuk menjaga Maria seperti ibunya sendiri (Yohanes

19:27). Yesus mengajukan permintaan ini karena Ia sedang berusaha menghibur Maria, karena Ia mengerti duka di hatinya, sebab Maria melayani Yesus sejak saat Ia dikandung oleh Roh Kudus, hingga saat Ia mencapai kedewasaan penuh oleh kuasa Allah dan hingga ia mandiri dari Maria.

Meskipun demikian, menyembah patung Perawan Maria tidaklah benar.

Beberapa tahun lalu saat saya mengunjungi sebuah negara Timur Tengah, seorang yang berpengaruh mengundang saya dan di tengah-tengah pembicaraan kami ia menunjukkan kepada saya sebuah karpet yang menarik untuk dilihat. Itu adalah karpet buatan tangan yang tak ternilai harganya, yang pembuatannya memakan waktu bertahun-tahun. Di karpet itu ada sebuah gambar Yesus berkulit hitam. Dari contoh ini kita bisa melihat bahkan gambar Yesus pun tidak konsisten, tergantung siapa seniman maupun pematungnya. Karena itu, jika kita sujud atau berdoa pada gambar itu, kita melakukan penyembahan berhala, perbuatan yang tidak dapat diterima.

Apa yang Dianggap Berhala dan Apa yang Tidak?

Kadangkala ada orang-orang yang terlalu berhati-hati, dan mereka mengatakan bahwa "salib" yang ada di gereja-gereja merupakan sejenis berhala. Namun demikian, salib bukanlah berhala. Salib adalah sebuah simbol injil yang dipercayai orang Kristen. Alasan mengapa orang percaya memandang salib adalah untuk mengingat darah kudus Yesus Kristus yang tercurah bagi dosa umat manusia, dan anugerah Allah yang memberikan injil kepada kita. Salib bukanlah sebuah obyek penyembahan dan bukanlah sebuah berhala.

Ini sama juga dengan lukisan Yesus menggendong seekor domba, atau Perjamuan Terakhir, atau pahatan apapun dimana seniman pembuatnya hanya ingin mengekspresikan sebuah pemikiran.

Lukisan Yesus menggendong domba menunjukkan bahwa Ia adalah gembala yang baik. Sang seniman tidak menciptakannya untuk menjadi obyek penyembahan. Tapi jika ada yang menyembahnya atau sujud padanya, lukisan itu menjadi berhala.

Ada kasus-kasus dimana orang berkata, "Pada zaman Perjanjian Lama, Musa membuat sebuah berhala." Mereka mengacu pada kejadian dimana bangsa Israel mengeluh kepada Allah hingga pada akhirnya mereka digigit oleh ular berbisa di padang gurun. Ketika banyak orang sekarat akibat gigitan ular berbisa itu, Musa membuat sebuah ular tembaga dan menaruhnya pada sebuah tiang. Orang-orang yang menaati perintah Allah dan melihat pada patung ular tembaga itu hidup, dan orang-orang yang tidak melihat mati.

Allah tidak menyuruh Musa membuat ular tembaga itu agar orang menyembahnya. Ia ingin menunjukkan kepada mereka sebuah ilustrasi tentang Yesus Kristus, yang suatu hari akan datang menyelamatkan mereka dari kutuk yang menimpa mereka, sesuai dengan hukum rohani.

Orang-orang itu, yang menaati Allah dan melihat pada ular tembaga itu, tidak binasa oleh karena dosa mereka. Demikianlah, jiwa-jiwa yang percaya bahwa Yesus Kristus mati di kayu salib untuk dosa mereka dan menerima-Nya sebagai Tuhan dan Juru Selamat tidak akan binasa karena dosa mereka, namun akan memperoleh hidup yang kekal.

2 Raja-raja 18:4, menuliskan bahwa pada saat raja Yehuda ke-enambelas, Hizkia, menghancurkan semua berhala di Israel, *"Dia juga menghancurkan ular tembaga yang dibuat Musa, sebab sampai pada masa itu orang Israel memang masih membakar korban bagi ular itu yang namanya disebut Nehustan."* Ini mengingatkan orang sekali lagi bahwa sekalipun ular tembaga itu dibuat atas perintah Allah, ular itu tidak boleh menjadi obyek penyembahan, karena bukan itu maksud Allah.

Arti Rohani "Patung/Berhala"

Selain mengerti arti kata "patung/berhala" secara fisik, kita juga harus mengerti artinya secara rohani. Definisi rohani "penyembahan berhala" adalah "segala sesuatu yang dikasihi orang melebihi Allah." Penyembahan berhala tidak hanya terbatas pada sujud pada patung Buddha atau sujud pada nenek moyang yang telah mati.

Jika karena hasrat egois kita sendiri kita mengasihi orangtua kita, suami, istri, atau bahkan anak-anak melebihi Allah, maka secara rohani, kita menjadikan orang-orang yang kita kasihi itu sebagai "berhala." Dan jika kita menilai diri kita terlalu tinggi dan mengasihi diri kita sendiri, kita juga sedang menjadikan diri kita berhala.

Tentu saja ini tidak berarti bahwa kita hanya mengasihi Allah dan tidak mengasihi orang lain. Sebagai contoh, Allah memberitahu anak-anak-Nya bahwa mereka wajib mengasihi orangtua mereka dalam kebenaran. Allah juga memerintahkan, "Hormatilah ayahmu dan ibumu." Namun, jika mengasihi orangtua kita membawa kita menjauh dari kebenaran, maka kita mengasihi orangtua kita melebihi Allah dan dengan demikian mengubah mereka menjadi "berhala."

Walaupun orangtua kita melahirkan tubuh fisik kita, tetapi karena Allah yang menciptakan sperma dan sel telur, atau benih kehidupan, Allah adalah Bapa roh kita. Misalnya saja ada beberapa orangtua yang tidak percaya melarang anaknya pergi ke gereja pada hari Minggu. Jika anak mereka, yang Kristen, tidak pergi ke gereja untuk menyenangkan hati orangtuanya, maka anak itu mengasihi orangtuanya melebihi Allah. Ini tidak hanya mendukakan hati Allah, tapi ini juga berarti bahwa anak itu tidak benar-benar mengasihi orangtuanya.

Jika Anda benar-benar mengasihi seseorang, Anda akan ingin orang tersebut diselamatkan dan beroleh hidup kekal. Inilah kasih sejati. Jadi yang pertama dan terutama, Anda harus menguduskan hari Tuhan, dan kemudian Anda harus berdoa bagi orangtua Anda dan membagikan injil kepada mereka sesegera mungkin. Hanya dengan begitu Anda bisa berkata Anda benar-benar mengasihi dan menghormati mereka.

Dan sebaliknya. Sebagai orangtua, jika Anda benar-benar mengasihi anak-anak Anda, Anda harus mengasihi Allah terlebih dahulu, dan kemudian kasihilah anak-anak Anda dalam kasih Allah. Tak peduli betapa berharganya anak bagi Anda, Anda tidak bisa melindungi mereka dari si jahat dan Setan dengan kekuatan manusiawi Anda yang terbatas. Anda tidak bisa melindunginya dari kecelakaan tiba-tiba maupun menyembuhkannya dari penyakit yang tidak dikenali pengobatan modern.

Tapi ketika orangtua menyembah Allah dan mempercayakan anak-anaknya ke dalam tangan Allah dan mengasihi mereka dalam kasih Allah, Allah akan melindungi anak-anaknya. Allah tidak hanya akan memberikan kepada mereka kekuatan jasmani dan rohani, namun Allah akan memberkati mereka sehingga mereka melimpah dalam semua area kehidupan mereka.

Ini sama halnya dengan kasih antara suami dan istri. Pasangan yang tidak menyadari kasih sejati Allah hanya akan mampu mengasihi satu sama lain dengan kasih jasmani. Mereka akan mencari keuntungan mereka sendiri sepanjang waktu dan karena itu bertengkar satu sama lain. Dan seiring dengan waktu, kasih mereka bahkan mungkin berubah.

Namun, ketika pasangan mengasihi satu sama lain dalam kasih Allah, mereka akan mampu mengasihi satu sama lain dengan kasih rohani. Dalam hal ini, pasangan itu tidak akan marah atau menyerang satu sama lain, dan mereka tidak akan berusaha memuaskan hasrat egois mereka sendiri. Sebaliknya, mereka akan berbagi sebuah kasih yang tidak berubah, sejati, dan indah.

Mengasihi Sesuatu Atau Seseorang Melebihi Allah

Hanya jika kita berada dalam kasih Allah dan mengasihi Allah terlebih dahulu, kita akan mampu mengasihi orang lain dengan kasih sejati. Inilah sebabnya Allah berkata kepada kita "Kasihilah Allah terlebih dahulu," dan "Jangan ada padamu allah lain di hadapan-Ku." Tapi jika setelah mendengar ini Anda berkata, "Saya pergi ke gereja dan mereka menyuruh saya hanya mengasihi Allah saja dan tidak mengasihi anggota keluarga saya," maka Anda dengan fatal salah mengerti pemahaman rohani perintah Allah.

Jika sebagai orang percaya Anda melanggar perintah Allah dan kompromi dengan dunia ini untuk memperoleh kekayaan, ketenaran, pengetahuan, ataupun kekuatan dan karena itu menyimpang dari jalan kebenaran, Anda sedang menjadikan diri Anda sendiri sebagai berhala, dalam artian rohani.

Ada juga orang yang tidak menguduskan hari Tuhan atau tidak memberikan persepuluhan karena mereka mencintai kekayaan lebih daripada Allah, sekalipun Allah berjanji memberkati orang-orang yang memberikan persepuluhan.

Seringkali, para remaja menempel foto penyanyi favorit mereka, aktor, atlet atau pemain musik di kamar mereka, atau membuat pembatas buku dari foto-foto mereka, atau bahkan membawa foto mereka di rompi atau saku agar bintang favorit mereka itu dekat dengan hati mereka. Ada saat-saat dimana para remaja ini mengasihi idolanya itu melebihi Allah.

Tentu saja Anda bisa mengasihi dan menghormati aktor, aktris, atlet dan lain sebagainya yang jago dalam bidang mereka. Tapi jika Anda mengasihi dan menghargai hal-hal di dunia ini hingga pada titik Anda menjauh dari Allah, Allah tidak berkenan. Sebagai tambahan, anak-anak yang mencurahkan segenap hati pada mainan atau video games tertentu dapat berakhir dengan menjadikannya "berhala" mereka.

Kecemburuan Allah Atas Dasar Kasih

Setelah memberi kita perintah tegas menentang penyembahan berhala, Allah kemudian menyatakan kepada kita tentang berkat-berkat bagi orang-orang yang menaati-Nya, dan peringatan bagi orang-orang yang tidak menaati-Nya.

> *"Jangan sujud menyembah kepadanya atau beribadah kepadanya, sebab Aku, TUHAN, Allahmu, adalah Allah yang cemburu, yang membalaskan kesalahan bapa kepada anak-anaknya, kepada keturunan yang ketiga dan keempat dari orang-orang yang membenci Aku, tetapi Aku menunjukkan kasih setia kepada beribu-ribu orang, yaitu mereka yang mengasihi Aku dan yang berpegang pada perintah-perintah-Ku"* (Keluaran 20:5-6).

Ketika Allah berkata bahwa ia adalah "Allah yang cemburu" di ayat lima, Ia tidak bermaksud bahwa Ia "cemburu" dengan cara yang sama seperti manusia cemburu. Karena pada kenyataannya, kecemburuan bukan bagian dari karakter Allah. Allah menggunakan kata "cemburu" di sini untuk mempermudah kita memahaminya dengan emosi manusia kita sendiri. Kecemburuan yang manusia rasakan berasal dari daging, keji, kotor, dan menyakiti orang yang terlibat.

Sebagai contoh, jika kasih seorang suami terhadap istrinya

berubah menjadi kasih terhadap perempuan lain dan sang istri mulai merasa cemburu terhadap perempuan itu, perubahan mendadak yang dialami sang istri akan jadi pemandangan menakutkan. Ia akan dipenuhi kemarahan dan kebencian. Ia akan bertengkar dengan suaminya dan mengatakan semua kekurangan yang ia ketahui dan suaminya dipermalukan. Kadang-kadang, sang istri bisa pergi mendatangi perempuan lain itu dan berkelahi dengannya, atau melakukan tuntutan terhadap suaminya. Dalam hal ini, dimana sang istri berharap sesuatu yang buruk menimpa suaminya sebagai akibat kecemburuannya, kecemburuannya bukan atas dasar kasih, melainkan kecemburuan atas dasar benci.

Jika ia sungguh mengasihi suaminya dengan kasih rohani, bukan merasakan cemburu yang berasal daging, pertama-tama ia akan mengintropeksi diri dan bertanya, "Apakah saya benar di hadapan Allah? Apakah saya benar-benar mengasihi dan melayani suami saya?" Dan daripada mempermalukan suaminya dengan menyebut-nyebut kekurangannya kepada semua orang di sekitarnya, ia akan meminta hikmat dari Allah untuk mengetahui bagaimana cara membuat suaminya kembali setia.

Lalu kecemburuan seperti apa yang dirasakan Allah? Ketika kita tidak menyembah Allah dan tidak hidup dalam kebenaran, Allah memalingkan wajah-Nya dari kita saat kita menghadapi ujian, pencobaan, dan sakit penyakit. Jika ini terjadi, dengan mengetahui bahwa sakit penyakit berasal dari dosa (Yohanes

5:14), orang percaya akan berobat dan kembali mencari Allah.

Sebagai seorang gembala, saya menemukan banyak anggota gereja yang mengalami hal ini dari waktu ke waktu. Sebagai contoh, bisa saja ada seorang anggota gereja yang merupakan pengusaha mapan yang bisnisnya sedang meledak. Dengan alasan ia semakin sibuk, ia kehilangan fokusnya dan berhenti berdoa dan melakukan pekerjaan Allah. Ia bahkan tiba pada satu titik dimana ia melalaikan kebaktian di hari Minggu.
Sebagai akibatnya, Allah memalingkan wajah-Nya dari pengusaha itu dan usahanya yang tadinya meledak menghadapi krisis. Pada saat itulah ia menyadari kesalahannya yang tidak hidup sesuai perintah Allah, dan bertobat. Allah lebih memilih agar anak-anak yang dikasihi-Nya menghadapi situasi yang sulit dalam jangka pendek dan jadi mengerti kehendak-Nya, diselamatkan, dan berjalan di jalan yang benar, daripada jatuh selamanya.

Jika Allah tidak merasakan kecemburuan yang berasal dari kasih ini, dan sebaliknya, hanya acuh tah acuh mengamati kesalahan kita, maka tidak saja kita gagal menyadari kesalahan kita, namun hati kita akan mengeras, membuat kita berdosa terus-menerus dan pada akhirnya jatuh ke jalan kematian kekal. Jadi kecemburuan yang Allah rasakan adalah kecemburuan atas dasar kasih sejati. Itu adalah ekspresi kasih-Nya yang besar dan kerinduan-Nya untuk memperbaharui dan memimpin kita pada kehidupan kekal.

Berkat dan Kutuk yang Datang dari Ketaatan dan Ketidaktaatan pada Perintah Kedua

Allah adalah Pencipta dan Bapa kita yang mengorbankan Anak-Nya yang tunggal agar semua manusia diselamatkan. Ia juga adalah Kedaulatan atas semua hidup manusia dan ingin memberkati orang-orang yang menyembah-Nya.

Dan tidak menyembah dan memuja Allah yang ini, melainkan menyembah berhala lain, berarti membenci Dia. Dan orang yang membenci Allah mendapatkan balasan dari-Nya, seperti tertulis bahwa anak-anak akan mendapat pembalasan atas dosa bapa hingga keturunan ketiga dan keempat (Keluaran 20:5).

Saat kita melihat sekeliling kita, kita akan dengan mudah melihat bahwa keluarga yang menyembah berhala turun-temurun terus menerima pembalasan. Anggota dari keluarga itu bisa mengalami penyakit menular dan tidak dapat disembuhkan, cacat, keterbelakangan mental, kerasukan roh jahat, bunuh diri, kesulitan keuangan, atau berbagai macam pencobaan. Dan jika petaka ini berlanjut kepada keturunan keempat, maka keluarga itu akan benar-benar hancur dan tidak dapat dipulihkan.

Tapi menurut Anda mengapa Allah berkata Ia akan membalaskan kepada "keturunan ketiga dan keempat" daripada hingga kepada "keturunan keempat"? Ini menunjukkan belas kasih Allah. Ia memberi kesempatan bagi keturunan yang bertobat dan mencari Allah, walaupun nenek moyang mereka menyembah berhala dan membenci Allah. Orang-orang ini memberi Allah alasan untuk menghentikan penghukuman terhadap keluarganya.

Tapi bagi mereka yang nenek moyangnya dalam permusuhan besar dengan Allah dan merupakan penyembah berhala sejati, membangun kejahatan, mereka akan menemui kesulitan saat berusaha menerima Tuhan. Sekalipun mereka menerima, mereka akan seperti terikat kepada nenek moyang mereka oleh sebuah rantai rohani, jadi sampai mereka mengalami kemenangan rohani, mereka akan mengalami banyak kesulitan sepanjang kehidupan rohani mereka. Musuh kita si jahat dan Iblis akan turut campur dengan segala cara untuk mencegah mereka memiliki iman, untuk menyeret mereka pada kegelapan kekal bersamanya.

Namun, jika keturunan itu, saat mencari kemurahan Allah, dengan rendah hati bertobat dari dosa nenek moyang mereka dan berusaha membuang tabiat dosa dalam diri mereka, maka tanpa ragu, Allah akan melindungi mereka. Jadi di sisi lain, jika manusia mengasihi Allah dan menuruti perintah-Nya, Allah memberkati keluarganya hingga keturunan keseribu, dan membuat mereka menerima anugerah-Nya yang kekal. Saat kita melihat bagaimana Allah berkata Ia akan membalas hingga keturunan ketiga dan keempat, tapi akan memberkati hingga keturunan keseribu, kita bisa melihat dengan jelas kasih Allah bagi kita.

Ini tidak berarti bahwa Anda secara otomatis menerima berkat melimpah hanya karena nenek moyang Anda adalah hamba Allah yang luar biasa. Sebagai contoh, Allah menyebut Daud "orang yang mengenal hati-Ku", dan Allah berjanji untuk memberkati keturunannya (1 Raja-Raja 6:12). Tapi kita tahu bahwa di antara anak-anak Daud, mereka yang berpaling dari Allah tidak menerima berkat yang dijanjikan.

Jika Anda melihat sejarah raja-raja Israel, Anda bisa melihat bahwa raja-raja yang menyembah dan melayani Allah menerima berkat yang dijanjikan Allah kepada Daud. Di bawah kepemimpinan mereka, bangsa mereka bertumbuh dan berkembang hingga pada titik dimana bangsa-bangsa di sekitarnya membayar upeti kepada mereka. Tapi, raja-raja yang berpaling dari Allah dan berdosa kepada Allah mengalami berbagai kesukaran sepanjang hidup mereka.

Hanya jika seseorang mengasihi Allah dan berusaha hidup dalam kebenaran tanpa mencemari dirinya dengan berhala, barulah ia bisa menerima semua berkat yang mungkin dibangun nenek moyangnya baginya.

Jadi jika kita membuang semua berhala jasmani dan rohani yang dibenci Allah dari kehidupan kita dan menjadikan Allah sebagai yang terutama, kita juga bisa menerima berkat melimpah yang dijanjikan Allah kepada semua hamba-Nya yang setia dan keturunan sesudahnya.

Bab 4
Perintah Ketiga

"Jangan Menyebut Nama TUHAN Allahmu Dengan Sembarangan"

Keluaran 20:7

"Jangan menyebut nama TUHAN, Allahmu, dengan sembarangan, sebab TUHAN akan memandang bersalah orang yang menyebut nama-Nya dengan sembarangan."

Mudah sekali menemukan bahwa bangsa Israel menghargai firman Allah, dari cara mereka menulis Alkitab atau membacanya.

Sebelum percetakan ditemukan, orang-orang harus menulis Alkitab dengan tangan. Dan setiap kali kata "Yahweh" harus ditulis, si penulis akan membasuh tubuhnya beberapa kali dan bahkan akan mengganti pena yang digunakannya untuk menulis, karena nama itu sangat kudus. Dan setiap kali penulis membuat kesalahan, ia harus memotong bagian yang salah itu dan dan menaruh tulisan baru di atas bagian itu. Tapi bila "Yahweh" salah tulis, ia akan mulai memeriksa semuanya dari awal lagi.

Juga pada suatu waktu, ketika bangsa Israel membaca Alkitab, mereka tidak membaca kata "Yahweh." Sebagai gantinya, mereka membacanya sebagai "Adonai" yang artinya "Tuhanku", karena mereka menganggap nama Allah terlalu kudus untuk dibaca.

Karena nama "Yahweh" adalah sebuah nama yang mewakili Allah, mereka percaya bahwa nama itu juga merupakan perwakilan dari karakter Allah yang mulia dan berdaulat. Bagi mereka, nama itu berarti Sang Pencipta Yang Mahakuasa.

"Jangan Menyebut Nama TUHAN Allahmu dengan Sembarangan"

Sebagian orang bahkan tidak mengingat bahwa ada perintah

seperti ini dalam Sepuluh Perintah Allah. Bahkan di antara orang percaya, ada sebagian orang yang tidak menjunjung tinggi nama Allah dan menyalahgunakan nama-Nya.

"Menyalahgunakan" berarti menggunakan sesuatu dengan cara yang salah dan tidak pantas. Dan menyalahgunakan nama Allah berarti menggunakan nama Allah yang kudus dengan cara yang salah, tidak kudus, dan tidak benar.

Sebagai contoh, jika seorang membicarakan pikirannya sendiri dan mengklaim bahwa ia membicarakan firman Allah, atau jika ia bertindak sesukanya, dan mengklaim bahwa ia bertindak sesuai kehendak Allah, maka ia sedang menyalahgunakan nama Allah. Menggunakan nama Allah untuk bersumpah palsu, mengolok-olok nama Allah, dan lain sebagainya, adalah contoh-contoh menyebut nama Allah dengan sembarangan.

Salah satu kebiasaan manusia menyebut nama Allah dengan sembarangan adalah ketika mereka, yang bahkan tidak mencari wajah-Nya, menghadapi sebuah situasi yang menekan dan dengan sinis berkata, "Allah sangat tidak peduli!" atau, "Jika Allah benar-benar hidup, mengapa Ia membiarkan ini terjadi?!"

Bagaimana mungkin Allah menyebut kita tidak berdosa jika kita, ciptaan-Nya, menyalahgunakan nama Pencipta kita sendiri, Pencipta yang layak menerima segala kemuliaan dan hormat? Inilah sebabnya kita harus menghormati Allah dan berusaha hidup dalam kebenaran dengan terus-menerus menyelidiki diri kita dengan seksama untuk memastikan bahwa kita tidak menunjukkan penghinaan atau rasa tidak hormat di hadapan Allah.

Jadi mengapa menyebut nama Allah dengan sembarangan adalah dosa?

Pertama, Menyalahgunakan Nama Allah Adalah Tanda Bahwa Kita Tidak Percaya Kepada-Nya.

Bahkan di antara para filsuf yang mengklaim mempelajari makna kehidupan dan keberadaan alam semesta, ada yang berkata, "Allah itu mati." Dan bahkan sebagian orang biasa dengan ceroboh berkata, "Tidak ada Allah."

Suatu ketika, seorang astronot Rusia berkata, "Saya telah pergi ke luar angkasa, dan tidak melihat Allah." Tapi sebagai seorang astronot, seharusnya ia lebih tahu bahwa area yang ia jelajahi hanyalah bagian kecil dari alam semesta yang luas. Betapa bodohnya astronot itu berkata bahwa Allah, Pencipta seluruh alam semesta, tidak ada hanya karena ia tidak bisa melihat Allah dengan matanya di bagian luar angkasa yang relatif tidak signifikan yang ia kunjungi!

Mazmur 53:1 berbunyi, *"Orang bebal berkata dalam hatinya: 'Tidak ada Allah!' Busuk dan jijik kecurangan mereka, tidak ada yang berbuat baik."* Seorang yang memandang alam semesta dengan rendah hati bisa menemukan bukti yang tak terhitung yang mengarah kepada Allah Sang Pencipta (Roma 1:20).

Allah memberikan kesempatan bagi setiap orang untuk percaya kepada-Nya. Sebelum zaman Yesus Kristus, pada zaman Perjanjian Lama, Allah menyentuh hati orang-orang yang baik sehingga mereka bisa merasakan Allah. Setelah Yesus Kristus, kini, di zaman Perjanjian Baru, Allah terus mengetuk hati manusia dengan berbagai cara agar manusia mengenal-Nya.

Itulah sebabnya orang-orang baik membuka hati mereka dan menerima Yesus Kristus dan diselamatkan, tak peduli bagaimana cara mereka mendengar injil. Allah membiarkan orang yang tulus hati mencari-Nya mengalami hadirat-Nya melalui kesan kuat di hati mereka saat berdoa, melalui penglihatan-penglihatan, maupun mimpi-mimpi rohani.

Suatu ketika saya mendengar kesaksian seorang jemaat saya, dan saya terkagum-kagum. Suatu malam, ibunya wanita itu, yang telah meninggal karena kanker perut, datang ke dalam mimpinya, berkata, "Jika saya bertemu dengan Dr. Jaerock Lee, Gembala Senior Gereja Manmin Pusat, saya pasti sembuh…" Wanita ini sudah jadi anggota Gereja Manmin Pusat, namun melalui pengalaman ini, seluruh keluarganya mendaftar ke gerja itu dan anak laki-laki satu-satunya disembuhkan dari epilepsi.

Tetap saja ada orang yang menyangkal keberadaan Allah, meskipun Allah menunjukkan keberadaannya kepada kita dengan berbagai cara. Ini karena hati mereka fasik dan bodoh. Jika mereka terus mengeraskan hati akan Allah, berbicara sembrono tentang Allah sekalipun tidak percaya kepada-Nya, bagaimana mungkin Allah menyebut mereka tidak berdosa?

Allah, yang bahkan menghitung jumlah rambut di kepala kita, mengamati setiap perbuatan kita dengan mata-Nya yang tajam. Jika orang percaya hal ini, mereka tidak akan pernah menyalahgunakan nama Allah. Sebagian orang mungkin kelihatan percaya, tapi karena mereka tidak percaya dari dasar hati mereka, mereka bisa saja menyebut nama Allah dengan sembarangan. Dan ini menjadi dosa di hadapan Allah.

Kedua, Menyalahgunakan Nama Allah Berarti Tidak Mengindahkan Allah.

Jika kita tidak mengindahkan Allah, maka ini artinya kita tidak menghormati-Nya. Jika kita berani tidak menghormati Allah, Sang Pencipta, maka kita tidak boleh berkata kita tidak berdosa.

Mazmur 96:4 berkata, *"Sebab TUHAN maha besar dan terpuji sangat, Ia lebih dahsyat dari pada segala allah."* Dalam 1 Timotius 6:16, tertulis, *"Dialah satu-satunya yang tidak takluk kepada maut, bersemayam dalam terang yang tak terhampiri. Seorangpun tak pernah melihat Dia dan memang manusia tidak dapat melihat Dia. Bagi-Nyalah hormat dan kuasa yang kekal! Amin."*

Keluaran 33:20 berbunyi, *"Lagi firman-Nya: 'Engkau tidak tahan memandang wajah-Ku, sebab tidak ada orang yang memandang Aku dapat hidup.'"* Allah Sang Pencipta mahabesar dan mahakuasa sehingga kita, ciptaan-Nya, tidak bisa melihatnya tanpa penghormatan kapanpun kita mau.

Itulah sebabnya pada zaman dahulu, orang-orang dengan hati nurani yang baik, sekalipun mereka tidak mengenal Allah, berbicara tentang langit dengan kata-kata penghormatan. Sebagai contoh, di Korea, orang menggunakan bentuk kata-kata penghormatan saat berbicara tentang langit dan cuaca, untuk menunjukkan penghormatan kepada sang Pencipta. Mereka mungkin tidak mengenal TUHAN Allah, namun mereka mengenal seorang Pencipta alam semesta yang mahakuasa yang mengirimkan kepada mereka hal-hal yang mereka perlukan, seperti hujan, dari atas langit. Jadi mereka ingin menunjukkan penghormatan kepada-Nya melalui perkataan mereka.

Kebanyakan orang menggunakan kata-kata yang menunjukkan pernghormatan dan tidak menyalahgunakan nama orangtua atau orang yang mereka hormati di hati mereka. Jadi jika kita bicara tentang Allah Sang Pencipta alam semesta dan Pemberi kehidupan, bukankah kita harus menggunakan sikap paling baik dan perkataan yang paling hormat?

Sayangnya, kini ada orang-orang yang menyebut diri mereka orang percaya tapi tidak menunjukkan rasa hormat kepada Allah, dan tidak menggunakan nama-Nya dengan serius. Sebagai contoh, mereka bercanda menggunakan nama Allah atau mengutip firman dalam Alkitab secara ceroboh. Karena Alkitab berkata, *"Firman itu adalah Allah,"* (1 Yohanes 1:1) jika kita tidak menghormati firman dalam Alkitab, sama saja dengan tidak menghormati Allah.

Cara lain tidak menghormati Allah adalah berbohong menggunakan nama-Nya. Contoh hal ini adalah jika seseorang berbicara tentang sesuatu yang timbul dari pikirannya dan berkata, "Inilah suara Allah," atau "Ini adalah tuntunan Roh Kudus." Jika kita menganggap penggunaan nama orang yang tua dengan cara yang tidak pantas merupakan sikap yang kasar dan tidak sopan, betapakah kita harus lebih berhati-hati dalam menggunakan nama Allah seperti itu?

Allah Yang Mahakuasa mengetahui hati dan pikiran semua makhluk hidup seperti telapak tangan-Nya. Dan Ia tahu apakah tindakan mereka didorong oleh kejahatan atau kebaikan. Dengan mata yang seperti api, Allah mengamati kehidupan setiap orang, dan Ia akan menghakimi setiap orang menurut perbuatannya. Jika orang percaya hal ini, pasti ia tidak akan menyalahgunakan nama Allah atau berdosa karena lancang terhadap Allah.

Satu hal lagi yang harus kita ingat adalah bahwa orang yang

sungguh-sungguh mengasihi Allah tidak hanya harus berhati-hati saat menggunakan nama Allah, tapi juga saat berurusan dengan semua hal yang berhubungan dengan Allah. Orang yang sungguh-sungguh mengasihi Allah juga merawat gedung dan properti gereja dengan lebih berhati-hati dibandingkan benda milik mereka. Dan mereka berhati-hati saat berurusan dengan uang milik gereja, sekecil apapun jumlahnya.

Jika Anda secara tidak sengaja memecahkan gelas, kaca, atau jendela gereja, apakah Anda akan berpura-pura itu tidak pernah terjadi dan melupakannya? Sekecil apapun, benda-benda yang secara khusus diperuntukkan bagi Allah dan pelayanan-Nya tidak boleh diabaikan dan disalahgunakan.

Kita juga harus berhati-hati agar tidak menghakimi atau merendahkan hamba Allah, atau peristiwa yang dipimpin oleh Roh Kudus, karena semua itu berhubungan langsung dengan Allah.

Walaupun Saul melakukan banyak kejahatan terhadap Daud dan merupakan ancaman bagi dirinya, Daud menyayangkan nyawa Saul hingga saat terakhir, dengan satu alasan bahwa dulu Saul pernah menjadi raja yang diurapi Allah (1 Samuel 26:23). Demikianlah, seorang yang mengasihi dan menghormati Allah akan sangat berhati-hati saat berurusan dengan segala sesuatu yang berhubungan dengan Allah.

Ketiga, Menyalahgunakan Nama Allah Berarti Berbohong Menggunakan Nama-Nya.

Jika Anda melihat Perjanjian Lama, ada nabi-nabi palsu yang tercatat dalam sejarah Israel. Nabi-nabi palsu ini mengacaukan orang dengan memberi mereka informasi yang mereka klaim berasal dari Allah padahal tidak.

Dalam Ulangan 18:20, Allah memberi peringatan keras terhadap mereka. Allah berkata, *"Tetapi seorang nabi, yang terlalu berani untuk mengucapkan demi nama-Ku perkataan yang tidak Kuperintahkan untuk dikatakan olehnya, atau yang berkata demi nama allah lain, nabi itu harus mati."* Bila seseorang berbohong menggunakan nama Allah, maka hukuman atas tindakannya itu adalah mati.

Wahyu 21:8 berkata, *"Tetapi orang-orang penakut, orang-orang yang tidak percaya, orang-orang keji, orang-orang pembunuh, orang-orang sundal, tukang-tukang sihir, penyembah-penyembah berhala dan semua pendusta, mereka akan mendapat bagian mereka di dalam lautan yang menyala-nyala oleh api dan belerang; inilah kematian yang kedua."*

Jika ada kematian kedua, itu artinya ada kematian pertama. Ini mengacu pada kematian orang-orang di dunia ini yang tidak percaya kepada Allah. Orang-orang ini akan masuk ke Dunia Orang Mati Bagian Bawah, dimana mereka akan menerima hukuman menyakitkan atas dosa mereka. Di sisi lain, orang-orang yang diselamatkan akan seperti raja-raja untuk seribu tahun selama Kerajaan Seribu Tahun di bumi ini setelah bertemu Yesus Kristus di udara pada kedatangan-Nya yang kedua.

Setelah kerajaan Seribu Tahun, akan ada Penghakiman Tahta Allah dimana semua orang akan dihakimi dan menerima upah maupun hukuman rohani, sesuai perbuatan mereka. Pada waktu itu, roh-roh yang tidak diselamatkan akan dibangkitkan untuk menghadapi penghakiman ini, dan masing-masing, sesuai kadar dosa mereka, akan memasuki dapur api atau belerang yang menyala-nyala. Inilah yang dikenal dengan kematian kedua.

Alkitab berkata bahwa semua pembohong akan mengalami kematian kedua. Di sini, pembohong mengacu kepada semua orang yang berbohong menggunakan nama Allah. Ini tidak hanya terbatas kepada nabi-nabi palsu; tapi juga orang-orang yang bersumpah demi nama Allah dan melanggar sumpahnya, karena ini sama saja dengan berbohong menggunakan nama Allah dan dengan demikian menyalahgunakan nama-Nya. Dalam Imamat 19:12 tertulis, *"Janganlah kamu bersumpah dusta demi nama-Ku, supaya engkau jangan melanggar kekudusan nama Allahmu; Akulah TUHAN."*

Tapi ada sebagian orang yang kadang-kadang berbohong menggunakan nama Allah. Sebagai contohnya mereka mungkin berkata, "Ketika saya berdoa, saya mendengar suara Roh Kudus. Saya percaya itu adalah pekerjaan Allah," walaupun tidak ada hubungannya dengan Allah. Atau, mereka mungkin melihat sesuatu terjadi dan walaupun tidak pasti, mereka berkata, "Allah membuat hal itu terjadi." Tidak masalah jika hal itu benar-benar pekerjaan Allah, tapi jadi masalah jika itu bukanlah pekerjaan Roh Kudus dan mereka hanya terbiasa mengatakan itu pekerjaan Roh Kudus.

Tentu saja sebagai anak Allah kita harus selalu mendengar suara Roh Kudus dan menerima tuntunan-Nya. Tapi penting untuk diketahui bahwa sekalipun Anda anak Allah yang diselamatkan, itu tidak berarti Anda selalu bisa mendengar suara Roh Kudus. Berdasarkan seberapa besar kemampuan seseorang untuk mengosongkan dirinya dari dosa dan dipenuhi oleh kebenaran, ia akan mampu mendengar suara Roh Kudus yang semakin jelas. Dan dengan demikian jika seseorang tidak hidup dalam kebenaran dan berkompromi dengan dunia, ia tidak bisa mendengar suara Roh Kudus dengan jelas.

Jika seseorang penuh dengan ketidakbenaran dan dengan riuh dan sok pamer menyatakan hasil pemikiran kedagingannya sendiri sebagai pekerjaan Roh Kudus, ia tidak hanya berbohong di hadapan orang lain; ia juga berbohong di hadapan Allah. Sekalipun ia memang mendengar suara Roh Kudus, sampai ia memang mendengar suara-Nya 100 persen, ia harus berusaha merahasiakannya. Karena itu kita harus menahan diri untuk tidak secara ceroboh menyebut sesuatu sebagai pekerjaan Roh Kudus dan kita juga harus mendengar pernyataan seperti itu dengan sangat berhati-hati.

Hal yang sama juga berlaku pada mimpi-mimpi, visi, dan pengalaman rohani lainnya. Ada mimpi-mimpi yang memang diberikan Allah, namun sebagian mimpi bisa terjadi sebagai hasil hasrat atau kekuatiran kuat seseorang. Dan ada juga mimpi yang bahkan mungkin merupakan pekerjaan Iblis, jadi seseorang tidak boleh terburu-buru berkata, "Mimpi ini diberikan oleh Allah," karena hal itu tidak layak di hadapan Allah.

Ada saat-saat dimana orang menyalahkan Allah atas pencobaan atau kesukaran yang sebenarnya disebabkan oleh Iblis sebagai akibat dosa mereka sendiri. Dan ada saat-saat dimana orang dengan ceroboh mengatasnamakan Allah karena kebiasaan. Saat segala sesuatu berjalan sesuai kehendak mereka, mereka berkata, "Tuhan memberkati saya." Lalu ketika kesukaran datang, mereka berkata, "Oh, Allah menutup pintu." Orang bisa memberikan pengakuan iman, tapi penting untuk diketahui bahwa ada perbedaan besar antara pengakuan yang berasal dari hati yang benar dan pengakuan yang berasal dari hati yang sembrono dan membual.

Amsal 3:6 berkata, *"Akuilah Dia dalam segala lakumu, maka Ia akan meluruskan jalanmu."* Tapi ini tidak berarti selalu mengatasnamakan segala sesuatu dengan nama Allah yang kudus. Sebaliknya, seseorang yang mengakui Allah dalam segala lakunya akan berusaha untuk hidup dalam kebenaran sepanjang waktu dan dengan demikian menjadi semakin berhati-hati menggunakan nama Allah. Dan ketika ia memang perlu menggunakan nama Allah, ia akan melakukannya dengan hati yang penuh iman dan ketulusan.

Karena itu jika kita tidak ingin berdosa menyalahgunakan nama Allah, kita harus berupaya untuk merenungkan firman-Nya siang dan malam, berjaga-jaga dalam doa, dan dipenuhi oleh Roh Kudus. Hanya bila kita melakukan hal itu, barulah kita bisa mendengar suara Roh Kudus dengan jelas dan bertindak dalam kebenaran, sesuai tuntunan-Nya.

Selalu Hormati Dia, Jadilah Orang yang Dianggap Mulia

Allah itu akurat dan sangat teliti. Dan dengan demikian setiap kata yang Ia gunakan dalam Alkitab adalah benar dan pas. Ketika Anda melihat bagaimana ia berbicara kepada orang percaya, Anda bisa melihat bahwa Ia menggunakan kata yang tepat untuk keadaannya. Sebagai contoh, menyebut seseorang "Saudara," dan menyebut seseorang "Saudaraku yang kekasih," mengandung nada dan pengertian yang sangat berbeda. Kadang-kadang Allah menyebut orang sebagai "Bapa-Bapa," atau "Orang-Orang Muda" atau "Anak-Anak" dan lain sebagainya, menggunakan kata yang tepat yang mengandung definisi yang benar, tergantung pada ukuran iman orang yang dituju (1 Korintus 1:10; 1 Yohanes 2:12-13, 3:21-22).

Hal sama berlaku bagi nama-nama Tritunggal yang kudus.

Kita melihat variasi nama yang digunakan untuk Tritunggal: "TUHAN Allah, Yahweh, Allah Bapa, Mesias, Tuhan Yesus, Yesus Kristus, Domba, Roh Tuhan, Roh Allah, Roh Suci, Roh Kekudusan, Roh Kudus, Roh (Kejadian 2:4; 1 Tawarikh 28:12; Mazmur 104:30; Yohanes 1:41; Roma 1:4)

Khususnya di zaman Perjanjian Baru, sebelum waktu Yesus disalibkan, Ia disebut, "Yesus, Guru, Anak Manusia," tapi setelah Ia mati dan dibangkitkan, Ia disebut, "Yesus Kristus, Tuhan Yesus Kristus, Yesus Kristus dari Nazaret" (1 Timotius 6:14; Kejadian 3:6).

Sebelum Ia disalibkan, Ia belum menyelesaikan misinya sebagai Juru Selamat, sehingga ia disebut "Yesus," yang berarti "Dia yang akan menyelamatkan umat-Nya dari dosa mereka" (Matius 1:21).

Allah, yang sempurna, juga ingin kita benar dan sempurna dalam perkataan dan perbuatan kita. Karena itu kapan pun kita menyebut nama Allah yang kudus, kita harus mengekspresikannya dengan sangat benar. Inilah sebabnya Allah berkata dalam bagian akhir 1 Samuel 2:30, *"Sebab siapa yang menghormati Aku, akan Kuhormati, tetapi siapa yang menghina Aku, akan dipandang rendah."*

Jadi jika kita sungguh menghargai Allah dengan penghormatan besar dari dasar hari kita, kita tidak akan berbuat salah menyalahgunakan nama-Nya, dan kita akan takut akan

Dia sepanjang waktu. Jadi saya berdoa agar Anda selalu berjaga-jaga dalam doa, menjaga hati Anda, sehingga hidup Anda memuliakan Allah.

Bab 5
Perintah Keempat

"Ingat dan Kuduskanlah Hari Sabat"

Keluaran 20:8-11

"Ingatlah dan kuduskanlah hari Sabat: enam hari lamanya engkau akan bekerja dan melakukan segala pekerjaanmu, tetapi hari ketujuh adalah hari Sabat TUHAN, Allahmu; maka jangan melakukan sesuatu pekerjaan, engkau atau anakmu laki-laki, atau anakmu perempuan, atau hambamu laki-laki, atau hambamu perempuan, atau hewanmu atau orang asing yang di tempat kediamanmu. Sebab enam hari lamanya TUHAN menjadikan langit dan bumi, laut dan segala isinya, dan Ia berhenti pada hari ketujuh; itulah sebabnya TUHAN memberkati hari Sabat dan menguduskannya."

Jika Anda menerima Kristus dan menjadi anak Allah, hal pertama yang perlu Anda lakukan adalah menyembah Allah setiap hari Minggu dan memberi persepuluhan utuh. Karena memberi persepuluhan dan persembahan menunjukkan iman Anda pada otoritas Allah atas semua benda-benda jasmani dan materi, dan menguduskan hari Sabat menunjukkan iman Anda pada otoritas Allah atas semua hal rohani (Lihat Yehezkiel 20:11-12).

Ketika Anda bertindak dalam iman, mengakui otoritas rohani dan jasmani Allah, Anda akan menerima perlindungan Allah dari bencana, godaan, dan tekanan. Memberi persepuluhan akan dibicarakan lebih lanjut dengan lebih detil di bab 8, jadi bab ini akan fokus secara khusus untuk menguduskan hari Sabat.

Mengapa Hari Minggu Menjadi Hari Sabat

Hari beristirahat yang didekasikan untuk Allah disebut hari "Sabat." Hal ini berasal dari saat Allah, sang Pencipta, menciptakan alam semesta dan manusia dalam enam hari dan kemudian beristirahat pada hari ketujuh (Kejadian 2:1-3). Allah memberkati hari itu dan menguduskannya, membuat manusia beristirahat pada hari itu juga.

Di zaman Perjanjian Lama, hari Sabat sebenarnya hari Sabtu.

Dan kini pun, orang Yahudi memelihara hari Sabtu sebagai hari Sabat. Tapi ketika kita memasuki zaman Perjanjian Baru, hari Minggu menjadi hari Sabat dan kita mulai menyebut hari ini sebagai "Hari Tuhan." Yohanes 1:17 berkata, *"Sebab hukum Taurat diberikan oleh Musa, tetapi kasih karunia dan kebenaran datang oleh Yesus Kristus."* Dan Matius 12:8 berkata, *"Karena Anak Manusia adalah Tuhan atas hari Sabat"*

Mengapa, kemudian, hari Sabat berubah dari Sabtu ke Minggu? Ini karena hari dimana semua orang bisa sungguh-sungguh beristirahat melalui Yesus Kristus adalah Minggu.

Karena ketidaktaatan manusia pertama, Adam, semua umat manusia menjadi budak dosa dan tidak memiliki Sabat yang sejati. Umat manusia hanya bisa makan melalui keringatnya dan harus menderita dan mengalami air mata dukacita, penyakit, dan kematian. Inilah sebabnya Yesus datang ke dunia ini dalam bentuk manusia dan disalibkan, untuk membayar semua dosa manusia. Ia mati dan bangkit kembali pada hari yang ketiga, mengalahkan kematian dan menjadi buah pertama kebangkitan.

Jadi Yesus memecahkan masalah dosa dan memberikan Sabat yang sebenarnya kepada semua umat manusia, pada awal subuh hari Minggu, hari pertama setelah hari Sabat. Dengan alasan ini, di zaman Perjanjian Baru, Minggu – hari dimana Yesus menyelesaikan jalan keselamatan bagi semua umat manusia –

menjadi hari Sabat."

Yesus Kristus, Tuhan Atas Hari Sabat

Murid-murid Tuhan juga memilih hari Minggu sebagai hari Sabat, dengan memahami pentingnya hari Sabat secara rohani. Kisah Para Rasul 20:7 berbunyi, *"Pada hari pertama dalam minggu itu, ketika kami berkumpul untuk memecah-mecahkan roti"* dan 1 Korintus 16:2 berbunyi, *"Pada hari pertama dari tiap-tiap minggu hendaklah kamu masing-masing – sesuai dengan apa yang kamu peroleh – menyisihkan sesuatu dan menyimpannya di rumah, supaya jangan pengumpulan itu baru diadakan, kalau aku datang."*

Alalh tahu perubahan hari Sabat akan terjadi, sehingga Ia menyebutkan hal ini di Perjanjian Lama saat Ia berkata kepada Musa, *"Berbicaralah kepada orang Israel dan katakan kepada mereka: Apabila kamu sampai ke negeri yang akan Kuberikan kepadamu, dan kamu menuai hasilnya, maka kamu harus membawa seberkas hasil pertama dari penuaianmu kepada imam, dan imam itu haruslah mengunjukkan berkas itu di hadapan TUHAN, supaya TUHAN berkenan akan kamu. Imam harus mengunjukkannya pada hari sesudah sabat itu. Pada hari kamu mengunjukkan berkas itu kamu harus mempersembahkan seekor domba berumur setahun yang tidak bercela, sebagai korban bakaran bagi TUHAN"* (Imamat

23:10-12).

Allah memberitahukan bangsa Israel bahwa ketika mereka memasuki tanah Kanaan, mereka akan mempersembahkan hasil pertama panen mereka pada hari setelah hari Sabat. Hasil panen pertama melambangkan Allah yang menjadi buah pertama kebangkitan. Dan seekor domba berumur setahun yang tidak bercela juga melambangkan Yesus Kristus, Domba Allah.

Ayat-ayat ini menunjukkan bahwa pada hari Minggu, hari setelah hari Sabat, Yesus, yang menjadi persembahan damai dan buah pertama kebangkitan, akan memberikan kebangkitan dan Sabat yang sejati kepada semua orang yang percaya kepada-Nya.

Untuk alasan ini, hari Minggu, hari Yesus Kristus bangkit, menjadi hari sukacita dan ucapan syukur sejati; hari ketika kehidupan baru dikandung dan jalan menuju kehidupan kekal terbuka; dan hari Sabat sejati hadir.

"Ingat dan Kuduskanlah Hari Sabat"

Jadi mengapa Allah membuat hari Sabat kudus dan mengapa Ia memerintahkan umat-Nya untuk menguduskannya?

Ini karena, walaupun kita hidup di dunia yang digerakkan oleh daging, Allah ingin kita mengingat hal-hal dari dunia rohani juga. Ia ingin memastikan bahwa harapan kita tidak hanya pada hal-hal yang bisa binasa di dunia ini. Ia ingin kita mengingat Tuan dan Pencipta alam semesta dan memiliki harapan dalam Sabat sejati dan abadi kerajaan-Nya.

Keluaran 20 ayat 9-10 berkata, *"Enam hari lamanya engkau akan bekerja dan melakukan segala pekerjaanmu, tetapi hari ketujuh adalah hari Sabat TUHAN, Allahmu; maka jangan melakukan sesuatu pekerjaan, engkau atau anakmu laki-laki, atau anakmu perempuan, atau hambamu laki-laki, atau hambamu perempuan, atau hewanmu atau orang asing yang di tempat kediamanmu."* Ini berarti bahwa tak seorang pun harus bekerja pada hari Sabat. Ini termasuk Anda, pelayan Anda, hewan Anda, dan tamu di rumah Anda.

Inilah sebabnya orang Yahudi ortodoks tidak diperbolehkan mempersiapkan makanan, memindahkan benda-benda berat, atau melakukan perjalanan jauh pada hari Sabat. Ini kaena semua aktivitas itu dianggap bekerja dan dengan demikian melanggar peraturan hari Sabat. Tapi, pembatasan ini dibuat oleh manusia dan diwariskan dari nenek moyang ke generasi selanjutnya; dengan demikian aturan ini bukan aturan Allah.

Sebagai contohnya, ketika orang Yahudi mencari-cari alasan untuk mendakwa Yesus, mereka melihat seorang yang lumpuh tangannya dan bertanya kepada Yesus, "Bolehkah menyembuhkan orang pada hari Sabat?" Mereka bahkan menganggap menyembuhkan orang sakit pada hari Sabat sebagai "kerja" dan dengan demikian tidak boleh dilakukan.

Akan hal ini, Yesus berkata kepada mereka, *"Tetapi Yesus*

berkata kepada mereka: Jika seorang dari antara kamu mempunyai seekor domba dan domba itu terjatuh ke dalam lobang pada hari Sabat, tidakkah ia akan menangkapnya dan mengeluarkannya? Bukankah manusia jauh lebih berharga dari pada domba? Karena itu boleh berbuat baik pada hari Sabat" (Matius 12:11-12).

Menguduskan hari Sabat seperti yang diutarakan Allah tidak hanya berhenti bekerja. Saat orang-orang yang tidak percaya beristirahat dari pekerjaan dan diam di rumah, atau pergi rekreasi ke luar. Ini tidak dianggap "sabat" karena tidak memberi kita kehidupan sejati. Pertama-tama kita harus mengerti arti rohani "Sabat", agar kita bisa menguduskannya dan diberkati, maksud awal Allah yang ditujukan bagi kita.

Yang Allah ingin kita lalukan pada hari itu adalah bukan beristirahat secara fisik, namun istirahat rohani. Yesaya 58:13-14 menjelaskan bahwa pada hari Sabat, orang harus menahan diri berbuat sesuka mereka, mengurus urusan mereka sendiri, berkata omong kosong, atau menikmati kesenangan dunia. Sebaliknya, mereka harus menguduskan hari itu.

Pada hari Sabat, orang janganlah terjebak dengan urusan-urusan dunia, melainkan pergi ke gereja, yang adalah tubuh Kristus; menikmati roti kehidupan, yang adalah firman Allah; bersekutu dengan Allah melalui doa dan pujian; dan beristirahat rohani dalam Tuhan. Melalui persekutuan orang-orang percaya membagikan anugerah Allah satu sama lain dan saling membangun iman. Saat kita menikmati istirahat rohani seperti ini, Allah mematangkan iman kita dan membuat jiwa kita sejahtera.

Jadi apa tepatnya yang harus kita lakukan untuk menguduskan hari Sabat?

Pertama, Kita Harus Menginginkan Berkat Hari Sabat dan Mempersiapkan Diri Kita Menjadi Wadah yang Bersih.

Hari Sabat adalah hari yang dikuduskan Allas, dan ini merupakan hari yang penuh sukacita dimana kita bisa menerima berkat-berkat dari Allah. Bagian akhir Keluaran 20:11 berkata, *"Itulah sebabnya TUHAN memberkati hari Sabat dan menguduskannya,"* dan Yesaya 58:13 berkata, *"Apabila engkau menyebutkan hari Sabat 'hari kenikmatan', dan hari kudus TUHAN 'hari yang mulia'; apabila engkau menghormatinya."*

Sekarang pun, sejak bangsa Israel menetapkan hari Sabtu sebagai hari Sabat, seperti pada zaman Perjanjian Lama, mereka mulai mempersiapkan hari Sabat sehari sebelumnya. Mereka menyiapkan semua makanan, dan jika mereka akan bekerja jauh dari rumah, mereka akan buru-buru pulang ke rumah paling lambat Jumat malam.

Kita juga, harus mempersiapkan hati kita untuk Sabat sebelum hari Minggu. Setiap minggu, kita harus selalu terjaga dalam doa sebelum hari Minggu tiba dan berusaha hidup dalam kebenaran sepanjang waktu sehingga kita tidak membangun penghalang dosa antara Allah dan kita.

Jadi menguduskan hari Sabat tidak berarti memberi Allah hanya hari itu saja. Maksudnya kita harus hidup sesuai firman Allah sepanjang minggu itu. Jadi, jika kita melakukan sesuatu yang tidak berkenan kepada Allah di minggu itu, kita harus bertobat dan mempersiapkan hari Minggu dengan hati yang bersih.

Dan saat datang ke kebaktian Minggu, kita harus datang ke hadapan Allah dengan hati yang penuh ucapan syukur. Kita harus datang ke hadapan-Nya dengan hati yang penuh sukacita dan siap, seperti pengantin yang menunggu mempelai pria. Dengan sikap seperti ini, secara fisik kita bisa mempersiapkan diri dengan mandi, dan bahkan mungkin pergi ke salon untuk memastikan kita tampil rapi dan bersih.

Mungkin juga kita ingin membersihkan rumah kita juga. Kita harus memiliki pakaian yang rapi dan bersih yang sudah dipersiapkan sebelumnya, untuk dipakai ke gereja. Kita tidak boleh terlibat dalam urusan duniawi hingga larut malam hari Sabtu yang terbawa-bawa ke hari Minggu. Juga, kita juga harus berusaha menjaga hari kita dari lekas tersinggung, marah, atau kesal, sehingga kita bisa menyembah Allah dalam roh dan kebenaran.

Jadi dengan hati yang bergairah dan penuh kasih, kita harus

mengantisipasi hari Minggu dan mempersiapkan diri kita menjadi wadah yang layak menerima anugerah Allah. Ini akan memampukan kita untuk mengalami Sabat rohani di dalam Tuhan.

Kedua, Kita Harus Memberikan Sepanjang Hari Minggu Bagi Allah.

Bahkan di antara orang percaya, ada orang yang hanya memberikan satu kebaktian di Minggu pagi, dan melewatkan kebaktian malam. Mereka melakukannya untuk beristirahat, berekreasi, atau mengurus urusan lain. Jika kita ingin menguduskan hari Sabat dengan tepat dengan hati yang takut akan Tuhan, kita harus menguduskan sepanjang hari itu. Alasan mengapa kita melewatkan kebaktian malam untuk melakukan berbagai hal lain adalah karena kita membiarkan hati kita mengikuti apa yang menyenangkan daging, dan kemudian kita mengejar hal-hal duniawi.

Dengan sikap seperti ini, perhatian kita sangat mudah terganggu pikiran lain sepanjang kebaktian pagi. Dan mungkin sekalipun kita sudah datang ke gereja, kita tidak mampu memberikan kepada Allah penyembahan yang benar. Sepanjang kebaktian, pikiran kita mungkin dipenuhi pikiran semacam, "Saya akan pulang dan beristirahat segera setelah kebaktian ini usai," atau "Oh, bukankah akan menyenangkan bertemu teman-teman saya setelah kebaktian," atau "Saya harus buru-buru membuka toko setelah ini beres." Segala macam pikiran akan keluar masuk pikiran kita dan kita tidak akan bisa fokus pada firman, atau kita bahkan mungkin mengantuk dan kelelahan sepanjang kebaktian.

Tentu saja bagi orang percaya baru, karena iman mereka masih muda, mereka mungkin mudah terganggu, atau karena secara fisik mereka sangat lelah, mereka jadi mengantuk. Karena Allah tahu ukuran iman dan melihat ke pusat hati semua orang, Allah akan bermurah hari kepada mereka. Tapi jika seseorang yang semestinya punya ukuran iman yang lumayan baik sering mengalami teralihkan pikirannya dan mengantuk saat kebaktian, berarti ia memang tidak menghormati Allah.

Menguduskan hari Sabat tidak hanya berarti hadir secara fisik di ruangan gereja. Artinya kita harus menjaga pusat hari dan perhatian kita terfokus kepada Allah. Hanya jika menyembah Allah dengan tepat sepanjang hari Minggu dalam roh dan kebenaran Ia akan dengan senang hati menerima aroma menyenangkan hati kita dalam penyembahan.

Untuk menguduskan hari Sabat, penting juga bagaimana Anda menghabiskan waktu di luar kebaktian pada hari Minggu. Janganlah kita berpikir, "Karena saya sudah kebaktian, saya sudah melakukan semua yang harus saya lakukan." Setelah kebaktian, kita perlu bersekutu dengan orang percaya lainnya dan melayani kerajaan Allah dengan membersihkan gereja, atau mengatur arus parkir gereja, atau melakukan pekerjaan sukarela di gereja.

Dan setelah hari itu usai dan kita pulang ke rumah untuk beristirahat, kita harus menghindari aktivitas rekreasi dengan satu tujuan untuk menyenangkan diri kita sendiri. Sebagai gantinya, kita harus merenungkan pesan yang kita dengar hari itu, atau menghabiskan waktu membicarakan dan membagikan dengan keluarga kita mengenai anugerah Allah dan kebenaran. Ide bagus untuk mematikan televisi, namun jika kebetulan kita menonton, kita harus menghindari acara tertentu yang bisa membangkitkan hawa nafsu kita atau yang bisa membuat kita mencari kesenangan duniawi. Sebaliknya, beralih pada program yang sehat, bersih, dan lebih baik lagi, program rohani.

Ketika kita menunjukkan kepada Allah bahwa kita berusaha melakukan yang terbaik untuk menyenangkan-Nya, sekalipun dengan hal kecil, Allah, yang melihat ke pusat hati kita masing-masing, akan menerima penyembahan kita, memenuhi kita dengan kepenuhan Roh Kudus, dan memberkati kita hingga kita bisa mengalami istirahat yang sesungguhnya.

Ketiga, Kita Tidak Boleh Melakukan Pekerjaan Duniawi.

Nehemia, gubernur Israel di bawah Raja Artasasta, Raja Persia, mengerti kehendak Allah, tidak hanya membangun kembali tembok kota Yerusalem namun juga memastikan bahwa orang-orang menguduskan hari Sabat.

Inilah sebabnya ia melarang bekerja atau berjualan di hari Sabat, dan ia bahkan mengejar orang-orang yang tidur di luar tembok kota yang menunggu di sana untuk melakukan bisnis sesudah hari Sabat.

Di dalam kitab Nehemia 13:17-18, Nehemia memperingatkan umatnya, *"Kejahatan apa yang kamu lakukan ini dengan melanggar kekudusan hari Sabat? Bukankah nenek moyangmu telah berbuat demikian, sehingga Allah kita mendatangkan seluruh malapetaka ini atas kita dan atas kota ini?"* Yang dikatakan Nehemia adalah bahwa melakukan bisnis di hari Sabat melanggar Sabat dan menimbulkan murka Allah.

Siapa pun yang melanggar Sabat tidak mengakui otoritas Allah dan tidak percaya pada janji-Nya untuk memberkati orang yang menguduskan hari Sabat. Itulah sebabnya Allah, yang adil, tidak bisa melindungi mereka, dan petaka akan menimpa mereka.

Allah masih memerintahkan hal yang sama kepada kita sekarang. Ia mengatakan kepada kita untuk bekerja keras selama enam hari, dan kemudian beristirahat pada hari yang ketujuh. Dan jika kita mengingat hari Sabat dengan menguduskannya, maka Allah tidak hanya akan mengganti keuntungan yang bisa kita dapatkan dengan bekerja pada hari ketujuh, namun ia akan memberkati kita hingga sampai "lumbung" kita melimpah.

Jika Anda melihat Keluaran 16, Anda akan melihat bahwa

ketika setiap hari Allah menyediakan manna dan burung puyuh bagi bangsa Israel, pada hari keenam, ia mencurahkan porsi ganda. Ia mengirimkan pada hari sebelumnya, agar mereka bisa mempersiapkan hari Sabat. Di antara bangsa Israel, ada sebagian orang yang, karena keegoisannya, pergi untuk mengumpulkan manna pada hari Sabat namun kembali dengan tangan hampa.

Hukum rohani yang sama berlaku bagi kita kini. Jika seorang anak Allah tidak menguduskan hari Sabat dan memutuskan untuk bekerja pada hari sabat, ia bisa meraup untung jangka pendek, namun dalam jangka panjang, karena satu dan lain hal, pada akhirnya ia akan mengalami kerugian jangka panjang.

Kebenaran masalah ini adalah, sekalipun tampaknya Anda mendapat keuntungan waktu itu, namun tanpa perlindungan Allah, Anda akan mengalami masalah-masalah yang tidak terlihat. Misalnya, Anda kecelakaan, atau jatuh sakit, dan lain sebagainya, yang pada akhirnya lebih merugikan dibandingkan keuntungan yang telah diraih.

Sebaliknya, jika Anda mengingat dan menguduskan hari Sabat, Allah akan menjaga Anda sepanjang minggu dan memimpin Anda pada kemakmuran. Roh Kudus akan menjaga Anda dengan tiang api-Nya, dan melindungi Anda dari sakit-penyakit. Ia akan memberkati Anda dan bisnis Anda, tempat kerja Anda, dan kemana pun Anda pergi.

Inilah sebabnya mengapa Allah membuat perintah ini sebagai salah satu dari Sepuluh Perintah Allah. Ia bahkan menetapkan hukuman serius, melempari batu pada orang-orang yang tertangkap basah bekerja di hari Sabat, agar umat-Nya mengingat dan tidak melupakan pentingnya hari Sabat dan tidak menyusuri jalan menuju kematian kekal (Bilangan 15).

Sejak saat saya menerima Kristus dalam hidup saya, saya memastikan untuk mengingat dan menguduskan hari Sabat. Sebelum saya mendirikan gereja, saya menjalankan sebuah toko buku. Di hari Minggu, banyak orang datang ke toko untuk meminjam atau mengembalikan buku. Dan setiap ini terjadi, saya berkata, "Hari ini adalah harinya Tuhan, jadi toko tutup," dan saya tidak melakukan bisnis pada hari itu. Akibatnya, bukannya mengalami kerugian, Allah benar-benar mencurahkan begitu banyak berkat pada enam hari kerja kami, sehingga kami tidak pernah berpikir lagi untuk bekerja pada hari Minggu.

Kapan Bekerja atau Melakukan Bisnis Pada Hari Sabat Diperbolehkan

Saat Anda melihat Alkitab, ada kasus-kasus dimana bekerja atau melakukan bisnis pada hari Sabat diperbolehkan. Ini adalah kasus-kasus dimana bekerja diperlukan untuk melakukan pekerjaan Tuhan atau untuk melakukan pekerjaan baik, seperti menyelamatkan nyawa orang.

Matius 12:5-8 berkata, *"Atau tidakkah kamu baca dalam*

kitab Taurat, bahwa pada hari-hari Sabat, imam-imam melanggar hukum Sabat di dalam Bait Allah, namun tidak bersalah? Aku berkata kepadamu: Di sini ada yang melebihi Bait Allah. Jika memang kamu mengerti maksud firman ini: Yang Kukehendaki ialah belas kasihan dan bukan persembahan, tentu kamu tidak menghukum orang yang tidak bersalah. Karena Anak Manusia adalah Tuhan atas hari Sabat."

Ketika pendeta menyembelih hewan untuk korban bakaran di hari Sabat, ini tidak dianggap bekerja. Jadi pekerjaan apapun yang dilakukan untuk Tuhan pada hari Tuhan tidak dianggap melanggar Sabat, karena Ia adalah Tuhan atas hari Sabat.

Sebagai contoh, jika gereja ingin menyediakan makanan bagi paduan suara dan guru-guru karena telah bekerja keras di gereja sepanjang hari, namun gereja tidak memiliki kafetaria atau fasilitas yang tepat untuk melakukannya, maka diperbolehkan bagi gereja untuk membeli makanan dari tempat lain. Ini karena Tuhan atas hari Sabat adalah Yesus Kristus, dan membeli makanan dalam kasus ini adalah untuk pekerjaan Tuhan. Tentu saja akan lebih ideal jika makanan tersebut bisa disiapkan di gereja.

Jika toko buku di dalam gereja buka di hari Minggu, ini tidak dianggap menodai hari Sabat karena benda-benda yang dijual oleh toko buku gereja bukan merupakan benda-benda duniawi namun merupakan benda-benda yang memberikan kehidupan bagi orang-orang yang percaya kepada Tuhan. Benda-benda itu termasuk Alkitab, rekaman khotbah, dan benda-benda gereja lainnya. Juga, mesin penjual minuman dan kantin di dalam gereja diperbolehkan karena membantu orang-orang percaya di gereja pada hari Sabat. Keuntungan dari penjualan digunakan untuk mendukung misi dan niat baik organisasi, sehingga berbeda dari keuntungan yang diperoleh dari penjualan sekuler di luar gereja.

Allah tidak menganggap sebagian pekerjaan yang dilakukan pada hari Sabat seperti militer, armada polisi, rumah sakit, dan lain sebagainya melanggar hukum Sabat. Ini adalah pekerjaan yang dilakukan untuk melindungi dan menyelamatkan nyawa dan untuk melakukan pekerjaan baik. Tapi, sekalipun Anda berada dalam kategori ini, Anda harus berusaha untuk fokus kepada Allah, sekalipun hanya di dalam hati Anda. Hati Anda harus mau mengajukan kepada atasan Anda untuk mengubah hari libur Anda, jika hal itu memungkinkan, untuk memelihara hari Sabat.

Bagaimana dengan orang-orang percaya yang melakukan pernikahan di hari Minggu? Jika mereka mengklaim percaya kepada Allah dan melakukan upacara pernikahan pada hari Tuhan, ini menunjukkan bahwa iman mereka sangat muda. Tapi jika mereka memutuskan untuk menikah di hari Minggu dan tak seorangpun dari gereja mereka yang menghadiri pernikahan itu, mereka mungkin akan merasa tersinggung dan tergelincir dalam perjalanan iman mereka. Jadi dalam kasus ini, jemaat gereja boleh menghadiri upacara pernikahan setelah kebaktian.

Hal ini untuk menunjukkan penghargaan bagi orang yang akan menikah itu dan mencegah sakit hati dan tergelincir dalam kehidupan iman mereka. Tapi, setelah upacara pernikahan tidak baik bagi Anda untuk berada di resepsi yang dimaksudkan bagi tamu-tamu untuk bersenang-senang.

Selain kasus-kasus itu, mungkin ada banyak pertanyaan mengenai hari Sabat. Tapi, sekali Anda mengerti hati Allah Anda bisa dengan mudah mencari jawaban atas pertanyaan-pertanyaan itu. Saat Anda membuang semua kejahatan dari hati Anda, maka Anda bisa meyembah Allah dengan segenap hati. Anda bisa bertindak dengan kasih tulus terhadap jiwa-jiwa daripada menghakimi mereka dengan peraturan-peraturan buatan manusia seperti orang Saduki dan Farisi. Anda bisa menikmati Sabat sejati di dalam Tuhan tanpa menodai hari Tuhan. Kemudian, Anda akan mengenal kehendak Allah dalam segala situasi. Anda akan tahu apa yang harus dilakukan di bawah tuntunan Roh Kudus dan Anda akan selalu bisa menikmati kemerdekaan dengan hidup dalam kebenaran.

Allah adalah kasih, jadi jika anak-anak-Nya menaati perintah-Nya dan melakukan apa yang menyenangkan hati-Nya, Ia akan memberikan apa pun yang mereka minta (1 Yohanes 3:21-22). Ia tidak hanya akan menghujani kita dengan anugerahnya, namun ia juga akan memberkati kita sehingga kita bisa sejahtera dan berhasil dalam semua area kehidupan kita. Di akhir hidup kita Ia akan membimbing kita ke tempat tinggal terbaik di surga.

Ia telah mempersiapkan surga bagi kita agar, seperti seorang mempelai perempuan dan mempelai pria yang berbagi kasih dan kebahagiaan bersama, kita bisa berbagi kasih dan kebahagiaan selamanya di surga bersama Tuhan kita. Inilah Sabat sejati yang Allah sediakan bagi kita. Jadi saya berdoa agar iman Anda akan dewasa dan semakin besar hari demi hari, karena Anda mengingat hari Sabat dengan memelihara dan menguduskannya.

Bab 6
Perintah Kelima

"Hormatilah Ayahmu dan Ibumu"

Keluaran 20:12

"Hormatilah ayahmu dan ibumu, supaya lanjut umurmu di tanah yang diberikan TUHAN, Allahmu, kepadamu."

Suatu hari di musim dingin, saat jalanan di Korea dipenuhi oleh pengungsi yang menderita karena kehancuran akibat Perang Korea, ada seorang perempuan yang bersiap untuk melahirkan. Dia harus menempuh perjalanan bermil-mil untuk sampai pada tempat tujuannya, namun seiring kontraksi yang semakin kuat dan sering, pelan-pelan ia turun ke jembatan yang terbengkalai. Berbaring di tanah yang dingin membeku, dia menahan rasa sakit melahirkan sendirian dan melahirkan seorang bayi ke dunia. Lalu ia membungkus bayi yang penuh darah itu dengan pakaiannya sendiri dan memeluknya di dadanya.

Tak lama kemudian, seorang tentara Amerika yang sedang melewati jembatan mendengar tangisan bayi. Ia mengikuti suara tangisan dan menemukan seorang wanita yang mati, membeku, dan telanjang membungkuk di atas bayi yang menangis terbungkus lapisan pakaian. Seperti perempuan dalam cerita ini, orangtua mengasihi anak-anaknya hingga titik dengan mudahnya dan dengan tidak egois memberikan nyawanya bagi mereka. Maka menurut Anda betapa jauh lebih besarnya kasih Allah yang tak bersyarat bagi kita?

"Hormatilah Ayahmu dan Ibumu"

"Hormatilah ayahmu dan ibumu" berarti menaati keinginan orangtua Anda, dan melayani mereka dengan rasa hormat yang tulus dan sopan santun. Orangtua kita melahirkan dan membesarkan kita. Jika orangtua kita tidak ada, maka kita tidak akan ada. Jadi sekalipun Allah tidak membuat perintah ini sebagai bagian dari Sepuluh Perintah Allah, orang yang berhati baik akan tetap memghormati orangtuanya.

Allah memberi kita perintah, "Hormatilah ayahmu dan ibumu," karena sebagaimana Ia sebutkan di Efesus 6:1, *"Hai anak-anak, taatilah orang tuamu di dalam Tuhan, karena haruslah demikian,"* Ia ingin kita menghormati orangtua kita sesuai firman-Nya. Jika Anda kebetulan tidak menaati Allah demi menyenangkan orangtua Anda, maka sebenarnya itu bukanlah menghormati orangtua.

Sebagai contoh, jika Anda akan berangkat ke gereja pada hari Minggu dan orangtua Anda berkata, "Jangan pergi ke gereja hari ini. Mari kita adakan acara keluarga," maka apa yang harus Anda lakukan? Jika Anda menaati orangtua Anda demi menyenangkan mereka, itu sebenarnya tidaklah menghormati mereka. Itu melanggar hari Sabat dan berjalan menuju kegelapan kekal bersama dengan keluarga Anda.

Sekalipun jika Anda menaati dan melayani mereka dengan baik secara daging, karena hal itu, tetapi secara rohani, jalan itu menuju pada kematian kekal, bagaimana bisa Anda mengatakan Anda sangat mengasihi orangtua Anda.

Dalam 2 Tawarikh 15:16, tertulis, *"Bahkan raja Asa memecat Maakha, ibunya, dari pangkat ibu suri, karena ibunya itu membuat patung Asyera yang keji. Asa merobohkan patung yang keji itu, menumbuknya sampai halus dan membakarnya di lembah Kidron."*

Jika ibu suri suatu bangsa menyembah berhala, ia sedang dalam permusuhan dengan Allah dan berjalan menuju penghukuman kekal. Tidak hanya itu, ia membahayakan rakyatnya dengan membuat mereka melakukan penyembahan berhala dan jatuh ke dalam penghukuman yang sama dengan dia. Itulah sebabnya walaupun Maakha adalah ibunya, Asa tidak berusaha menyenangkannya dengan menaatinya, tapi ia malah memecatnya dari posisi ibu suri agar ia bisa bertobat dari kesalahannya di hadapan Allah dan orang-orang akan sadar dan bertobat.

Tapi pemecatan ibunya Raja Asa dari posisinya sebagai ibu suri tidak berarti ia ia berhenti melakukan kewajibannya sebagai anak. Sebesar ia mengasihi jiwa ibunya, ia terus menghargai dan menghormatinya sebagai ibunya.

Untuk bisa mengatakan, "Saya benar-benar menghormati orangtua saya," kita harus membantu orangtua yang belum percaya untuk menerima keselamatan dan masuk surga. Jika orangtua kita adalah orang percaya, kita harus membantu mereka untuk memasuki tempat tinggal terbaik di surga. Pada saat yang sama, kita juga harus berusaha melayani, dan menyenangkan mereka semampu kita dalam kebenaran Allah, saat kita hidup di dunia ini.

Allah Adalah Bapa Roh Kita

"Hormatilah ayahmu dan ibumu" pada akhirnya sama dengan "Taatilah perintah Allah dan hormati Dia." Jika seseorang sungguh menghormati Allah dari dasar hatinya, ia juga akan menghormati orangtuanya. Dengan demikian, jika seseorang dengan tulus hati melayani orangtuanya, ia juga akan dengan tulus hati melayani Allah. Tapi yang terpenting dalam hal ini adalah, saat bicara tentang prioritas, Allah haruslah yang utama.

Sebagai contoh, di banyak kebudayaan jika seorang ayah berkata kepada anaknya, "Pergilah ke timur," maka sang anak akan taat dan pergi ke timur. Tapi jika pada waktu itu, kakeknya berkata, "Tidak, jangan pergi ke timur. Pergilah ke barat." Maka lebih tepat jika sang anak berkata kepada ayahnya, "Kakek menyuruh saya pergi ke barat," dan kemudian pergi ke barat.

Jika seorang ayah benar-benar menghormati ayahnya sendiri, ia tidak akan marah hanya karena anaknya menaati kakeknya. Tindakan menaati tetua, sesuai dengan tingkat keturunannya, berlaku dalam hubungan kita dengan Allah juga.

Allah adalah yang menciptakan dan memberi kehidupan kepada ayah kita, kakek kita, dan semua nenek moyang kita.

Seorang manusia tercipta oleh penyatuan sperma dan sel telur. Tapi yang memberikan benih dasar kehidupan manusia adalah Allah.

Tubuh jasmani kita tidak lebih dari kemah sementara yang kita gunakan dalam waktu singkat hidup di dunia ini. Allah, pencipta sejati masing-masing kita adalah roh di dalam kita. Tak peduli seberapa cerdas dan berhikmatnya manusia, tak seorang pun mampu mengkloning roh seseorang. Dan bahkan jika manusia mampu mengkloning sel-sel manusia dan menciptakan bentuk manusia, tanpa Allah memberi bentuk itu roh, kita tidak bisa menyebut bentuk itu manusia.

Dengan demikian Bapa sejati roh kita adalah Allah. Dengan mengetahui fakta ini, kita harus melakukan yang terbaik untuk melayani dan menghormati orangtua jasmani kita, namun kita harus lebih mengasihi, melayani, dan menghormati-Nya, karena Ia adalah asal-usul dan Pemberi kehidupan itu sendiri.

Jadi orangtua yang mengerti ini tidak akan pernah berpikir, "Saya melahirkan anak saya, jadi saya bisa melakukan apa saja yang saya inginkan darinya." Sebagaimana tertulis dalam Mazmur 127:3, *"Sesungguhnya, anak-anak lelaki adalah milik pusaka dari pada TUHAN, dan buah kandungan adalah suatu upah,"* orangtua yang beriman akan menganggap anaknya sebagai pemberian Allah dan jiwa yang tak ternilai harganya yang harus dididik menurut kehendak Allah dan bukan kehendak mereka.

Bagaimana Menghormati Allah, Bapa Roh Kita

Jadi apa yang harus kita lakukan untuk menghormati Allah, Bapa roh kita?

Jika Anda sungguh-sungguh mengasihi orangtua Anda, Anda harus menaati mereka dan berusaha membawa sukacita dan penghiburan di hati mereka. Sama halnya, jika Anda sungguh-sungguh menghormati Allah, Anda harus mengasihi-Nya dan menaati perintah-Nya.

Seperti tertulis dalam 1 Yohanes 5:3, *"Sebab inilah kasih kepada Allah, yaitu, bahwa kita menuruti perintah-perintah-Nya. Perintah-perintah-Nya itu tidak berat,"* Jika Anda sungguh-sungguh mengasihi Allah, maka menaati perintah-Nya pasti menyenangkan.

Perintah Allah ada dalam keenampuluh enam kitab Alkitab. Lebih jelasnya, ada kata-kata seperti "Kasihilah, ampunilah, berdamailah, layanilah, berdoalah," dan lain sebagainya, dimana Allah meminta kita melakukan sesuatu; dan kemudian ada kata-kata seperti "Jangan membenci, jangan mengutuk, jangan meninggikan diri," dan lain sebagainya, dimana Allah meminta kita untuk tidak melakukan sesuatu. Ada juga kata-kata seperti "Buang segala bentuk dosa," dan sebagainya, dimana Allah meminta kita untuk membuang sesuatu dari diri kita; dan kata-kata seperti "Kuduskanlah hari Sabat," dan lain sebagainya dimana Allah meminta kita memelihara sesuatu.

Hanya jika kita melakukan perintah yang ada di dalam Alkitab dan menjadi aroma menyenangkan bagi Allah sebagai seorang Kristen, barulah kita bisa mengatakan bahwa kita sungguh-sungguh menghormati Allah.

Mudah melihat bahwa orang yang mengasihi dan menghormati Allah juga mengasihi dan menghormati orangtua jasmani mereka. Ini karena perintah Allah termasuk menghormati orangtua dan mengasihi saudara kita.

Apakah Anda karena sesuatu hal mengasihi Allah dan melakukan yang terbaik untuk melayani-Nya di gereja, tapi mengabaikan orangtua Anda di rumah? Apakah Anda pernah merendahkan hati dan bersikap menyenangkan di mata saudara-saudara Anda di gereja namun kasar dan menghina keluarga Anda di rumah? Apakah Anda melawan orangtua Anda dengan kata-kata dan tindakan yang menunjukkan rasa frustrasi bahwa kata-kata mereka tidak masuk akal?

Tentu saja ada waktunya ketika Anda dan orangtua Anda mengalami perbedaan pendapat yang disebabkan oleh perbedaan dalam generasi, pendidikan, maupun kebudayaan. Tapi bagaimanapun juga, kita harus selalu berusaha menghargai dan menghormati pendapat orangtua kita terlebih dahulu. Sekalipun mungkin kita benar, sepanjang pendapat mereka tidak bertentangan dengan Alkitab, kita harus bisa mengalah.

Kita tidak boleh lupa untuk menghormati orangtua kita

dengan mengerti bahwa kita bisa hidup dan dewasa sejauh ini adalah karena kasih dan pengorbanan mereka bagi kita. Sebagian orang mungkin merasa bahwa orangtua mereka tidak melakukan apapun bagi mereka dan sulit untuk menghormati mereka. Tapi, sekalipun jika ada orangtua yang tidak setia terhadap tanggungjawab mereka sebagai orangtua, kita harus ingat bahwa menghormati orangtua yang melahirkan kita adalah kewajiban dasar manusia.

Jika Anda Mengasihi Allah, Hormatilah Orangtua Anda

Mengasihi Allah dan menghormati orangtua berjalan beriringan. 1 Yohanes 4:20 berkata, *"Jikalau seorang berkata: 'Aku mengasihi Allah,' dan ia membenci saudaranya, maka ia adalah pendusta, karena barangsiapa tidak mengasihi saudaranya yang dilihatnya, tidak mungkin mengasihi Allah, yang tidak dilihatnya."*

Jika seseorang mengklaim bahwa ia mengasihi Allah namun tidak mengasihi orangtuanya dan tidak hidup rukun dengan saudara-saudaranya, maka orang itu munafik, dan ia sedang berdusta. Itulah sebabnya dalam Matius 15 ayat 4-9 kita melihat Yesus menegur para orang Farisi dan ahli-ahli Taurat. Menurut tradisi nenek moyang, sepanjang mereka memberi persembahan kepada Allah, mereka tidak perlu memikirkan tentang memberi kepada orangtua mereka.

Jika seseorang berkata ia tidak bisa memberikan apapun kepada orangtuanya karena ia harus memberi kepada Allah, ini tidak hanya melanggar perintah Allah mengenai menghormati orangtua, tapi karena menggunakan Allah sebagai alasan, jelas bahwa hal ini berasal dari hati yang jahat; ingin mengambil apa yang seharusnya merupakan hak orangtuanya untuk memuaskan diri sendiri. Seseorang yang sungguh-sungguh mengasihi dan menghormati Allah dari pusat hatinya akan mengasihi dan menghormati orangtuanya juga.

Misalnya, jika seseorang yang kesulitan mengasihi orangtuanya di masa lalu mulai semakin mengerti kasih Allah, ia akan mulai lebih mengerti kasih orangtuanya juga. Semakin Anda masuk dalam kebenaran, membuang dosa, dan hidup menurut firman Allah, semakin hati Anda dipenuhi oleh kasih sejati, dan sebagai hasilnya Anda akan semakin bisa melayani dan mengasihi orangtua Anda.

Berkat Yang Anda Terima Bila Anda Menaati Perintah Kelima

Allah memberikan sebuah janji bagi orang-orang yang mengasihi Allah dan menghormati orangtuanya. Keluaran 20:12 berkata, *"Hormatilah ayahmu dan ibumu, supaya lanjut umurmu di tanah yang diberikan TUHAN, Allahmu, kepadamu."*

Ayat ini tidak hanya berarti bahwa Anda akan berumur panjang bila Anda menghormati orangtua Anda. Ini berarti sebesar Anda menghormati Allah dan orangtua Anda dalam kebenaran, Ia akan memberkati Anda dengan kemakmuran dan perlindungan di semua area kehidupan Anda. "Lanjut umurmu" berarti Allah akan memberkati Anda, keluarga Anda, tempat kerja atau bisnis Anda dari bencana tiba-tiba sehingga hidup Anda akan panjang dan sejahtera.

Rut, seorang perempuan di Perjanjian Lama, menerima berkat semacam ini. Rut adalah bangsa bukan Yahudi dari negeri Moab, dan melihat keadaannya, orang akan tahu ia menjalani hidup yang keras. Ia menikahi pria Yahudi yang meninggalkan Israel untuk menghindari bencana kelaparan. Tapi tak lama setelah mereka menikah, suaminya mati dan meninggalkannya tanpa anak.

Mertua laki-lakinya sudah meninggal, dan tidak ada laki-laki di rumahnya untuk menopang keluarganya. Satu-satunya orang yang tersisa di rumah tangganya adalah mertuanya perempuan, dan saudari iparnya, Orpa. Ketika mertuanya, Naomi, memutuskan untuk kembali ke tanah Yehuda, Rut segera memutuskan untuk mengikutinya.

Naomi berusaha membujuk menantunya yang muda itu untuk pergi dan memulai kehidupan baru yang lebih menyenangkan, tapi Rut tidak terbujuk. Rut ingin merawat mertuanya yang janda sampai akhir, sehingga ia mengikutinya ke Yehuda, negeri yang sama sekali asing baginya. Ia ingin melakukan yang terbaik merawat Naomi semampunya. Untuk itu, ia bahkan rela melepaskan peluang untuk menemukan kehidupan baru dan lebih menyenangkan bagi dirinya sendiri.

Rut juga jadi percaya kepada Allah Israel melalui ibu mertuanya. Kita bisa melihat pengakuannya yang menyentuh dalam Rut pasal 1, ayat 16 sampai 17:

> *"Janganlah desak aku meninggalkan engkau dan pulang dengan tidak mengikuti engkau; sebab ke mana engkau pergi, ke situ jugalah aku pergi, dan di mana engkau bermalam, di situ jugalah aku bermalam: bangsamulah bangsaku dan Allahmulah Allahku; di mana engkau mati, akupun mati di sana, dan di sanalah aku dikuburkan. Beginilah kiranya TUHAN menghukum aku, bahkan lebih lagi dari pada itu, jikalau sesuatu apapun memisahkan aku dari engkau, selain dari pada maut!"*

Saat Allah mendengar pengakuan ini, sekalipun Rut bukan bangsa Yahudi, Ia memberkatinya dan membuat hidupnya berlimpah. Sesuai dengan adat Yahudi dimana seorang perempuan bisa menikah kembali dengan kaum suaminya yang telah meninggal, Rut kemudian bisa memulai kehidupan baru yang menyenangkan dengan suami yang baik dan menghabiskan hidupnya dengan ibu mertua yang ia kasihi.

Di atas segalanya, melalui garis darahnya lahirlah Raja Daud, dan Rut juga memiliki keistimewaan termasuk dalam garis keturunan Yesus Kristus Sang Juru Selamat. Seperti janji Allah, karena Rut menghormati orangtuanya di dalam kasih Allah, ia menerima berkat jasmani dan rohani yang melimpah.

Sama seperti Rut, kita perlu mengasihi Allah dahulu, dan kemudian mengasihi orangtua kita dalam kasih Allah, dan karena itu menerima semua berkat yang dijanjikan yang terangkum dalam firman Allah, "supaya lanjut umurmu di tanah yang dijanjikan Tuhan kepadamu."

Bab 7
Perintah Keenam

—— ✦ ——

"Jangan Membunuh"

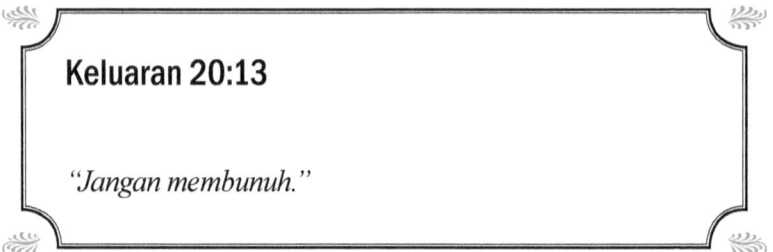

Keluaran 20:13

"Jangan membunuh."

Sebagai gembala, saya berkesempatan berinteraksi dengan banyak jemaat. Di samping kebaktian biasa, saya bisa bertemu mereka saat mereka datang untuk didoakan, berbagi kesaksian, atau mencari dukungan rohani. Untuk membantu mereka bertumbuh kuat dalam iman, saya sering bertanya kepada mereka; "Apakah Anda mengasihi Allah?"

"Ya! Saya mengasihi Allah," kebanyakan orang akan dengan yakin menjawab. Tapi seringkali ini terjadi karena mereka tidak memahami makna rohani mengasihi Allah. Jadi saya membagikan kepada mereka ayat ini, *"Sebab inilah kasih kepada Allah, yaitu, bahwa kita menuruti perintah-perintah-Nya. Perintah-perintah-Nya itu tidak berat"* (1 Yohanes 5:3) dan menjelaskan makna rohani mengasihi Allah. Lalu ketika saya menanyakan kembali pertanyaan yang sama, kebanyakan orang menjawab dengan kurang yakin.

Sangat penting untuk memahami makna rohani firman Allah. Dan sama halnya dengan Sepuluh Perintah Allah. Jadi makna rohani apa yang terkandung dalam perintah keenam?

"Jangan Membunuh"

Jika kita melihat Kejadian pasal empat, kita menyaksikan kisah pembunuhan pertama manusia. Inilah kisah dimana anak Adam, Kain, membunuh adiknya Habel. Mengapa hal seperti ini terjadi?

Habel mempersembahkan korban yang menyenangkan hati Allah. Kain mempersembahkan korban yang menurutnya benar, dan dengan cara yang paling nyaman bagi dirinya sendiri. Ketika Allah menolak persembahan Kain, bukannya mencari tahu kesalahannya, Kain jadi cemburu kepada adiknya dan dipenuhi kemarahan dan kebencian.

Allah mengenal hati Kain, dan dalam beberapa kejadian, Ia memperingatkan Kain. Allah berkata kepadanya, *"Ia sangat menggoda engkau, tetapi engkau harus berkuasa atasnya"* (Kejadian 4:7). Tapi seperti tertulis dalam Kejadian 4:8, *"Ketika mereka ada di padang, tiba-tiba Kain memukul Habel, adiknya itu, lalu membunuh dia,"* Kain tidak mampu mengendalikan kemarahan di hatinya dan melakukan dosa yang tak bisa diubah lagi.

Dari kalimat "Ketika mereka berada di ladang," kita bisa menebak bahwa Kain menunggu saat dimana ia akan sendirian dengan adiknya. Ini artinya Kain sudah memutuskan dalam hati untuk membunuh adiknya, dan ia mencari kesempatan yang tepat. Pembunuhan yang dilakukan Kain tidak bersifat kecelakaan; itu adalah hasil dari kemarahan tak terkendali yang berubah menjadi tindakan dalam seketika. Inilah yang membuat pembunuhan Kain merupakan dosa besar.

Setelah pembunuhan yang dilakukan Kain, banyak pembunuhan lain terjadi sepanjang sejarah umat manusia. Dan kini, karena dunia penuh dengan dosa, tak terhitung banyaknya pembunuhan terjadi setiap hari. Usia para para pelaku kriminal semakin muda, dan jenis kejahatannya semakin dan semakin jahat. Yang lebih buruk adalah kini, kasus pembunuhan dimana orangtua membunuh anak dan anak membunuh orangtua tidaklah terlalu mengherankan lagi.

Pembunuhan Jasmani: Mengambil Nyawa Orang Lain

Secara hukum, ada dua jenis pembunuhan: pembunuhan tingkat satu, dimana seseorang membunuh orang lain dengan sengaja untuk alasan tertentu; dan lalu ada pembunuhan tingkat kedua, dimana seseorang tanpa sengaja membunuh orang lain. Pembunuhan karena kekejaman, perolehan materi maupun pembunuhan tidak sengaja karena mengemudi sembarangan merupakan berbagai jenis pembunuhan; tapi bobot setiap kasus berbeda-beda, tergantung situasi. Sebagian pembunuhan tidak dianggap dosa, seperti mencurahkan darah dalam peperangan atau membunuh dengan alasan sah membela diri.

Alkitab berkata bahwa jika seseorang membunuh pencuri yang menyelinap ke rumah di malam hari, ini tidak dianggap pembunuhan, namaun jika seseorang membunuh pencuri yang menyelinap ke rumah di siang hari, ini dianggap pembelaan diri berlebihan, dan ia harus menerima hukuman. Ini karena beberapa ribu tahun lalu, pada saat Allah memberikan hukum-Nya, orang bisa dengan mudah mengejar atau menangkap pencuri dengan bantuan orang lain.

Allah menganggap pembelaan diri berlebihan yang menyebabkan darah seseorang tertumpah adalah dosa, karena Allah melarang pengabaian hak-hak manusia dan pelanggaran atas martabat kehidupan. Ini menunjukkan tabiat Allah yang adil dan pengasih (Keluaran 22:2-3).

Bunuh Diri dan Aborsi

Selain jenis-jenis pembunuhan yang disebutkan di atas, ada juga kasus 'bunuh diri.' 'Bunuh diri' jelas-jelas merupakan 'pembunuhan' di hadapan Allah. Allah memiliki kedaulatan atas kehidupan semua manusia, dan bunuh diri merupakan tindakan menyangkal kedaulatan itu.

Tapi orang melakukan dosa ini karena mereja tidak percaya akan kehidupan setelah kematian, atau karena mereka tidak percaya kepada Allah. Jadi selain melakukan dosa tidak percaya kepada Allah, mereka juga melakukan dosa pembunuhan. Jadi bayangkan penghakiman seperti apa yang menanti mereka!

Kini, dengan meningkatnya pengguna internet, sering ada kasus dimana orang dibujuk oleh situs dunia maya untuk bunuh diri. Di Korea, penyebab utama kematian orang usia empat puluhan adalah kanker, dan kedua adalah bunuh diri. Ini telah menjadi masalah sosial yang serius. Orang harus mengerti bahwa mereka tidak punya kewenangan untuk mengakhiri hidupnya sendiri, dan bahwa hanya karena mereka telah mengakhiri hidup mereka di bumi itu itu tidak berarti masalah yang mereka tinggalkan teratasi.

Lalu bagaimana dengan aborsi? Kebenaran masalah ini adalah bahwa kehidupan anak dalam rahim ada dalam kekuasaan Allah yang berdaulat, jadi aborsi masuk dalam kategori pembunuhan.

Sekarang, masa dimana dosa menguasai kehidupan banyak orang, orangtua menggugurkan anak mereka tanpa menganggapnya sebagai dosa. Membunuh orang lain saja merupakan dosa yang buruk, namun jika orangtua membunuh anaknya sendiri, betapakah besarnya dosa itu?

Pembunuhan jasmani jelas merupakan dosa, sehingga setiap negara punya hukum yang tegas tentang itu. Itu juga merupakan dosa yang mendatangkan maut di hadapan Allah, sehingga musuh kita si jahat bisa membawa berbagai macam ujian dan pencobaan bagi mereka yang melakukannya. Tidak hanya itu, penghakiman keji menunggu mereka di akhirat, jadi tak seorang pun boleh membunuh.

Pembunuhan Rohani yang Merusak Roh dan Jiwa

Allah menganggap pembunuhan jasmani sebagai dosa yang buruk, namun Ia juga menganggap pembunuhan rohani—yang sama buruknya—sebagai dosa yang mendatangkan maut. Lalu apa sebenarnya pembunuhan rohani?

Pertama, pembunuhan rohani adalah saat seseorang melakukan sesuatu di luar kebenaran Allah, baik melalui perkataan maupun perbuatan, dan membuat orang lain tersandung dalam iman.

Membuat orang percaya lain tersandung berarti merusak rohnya dengan membuatnya menjauh dari kebenaran Allah.

Misalkan saja ada seorang percaya baru yang datang kepada seorang pemimpin gereja untuk konseling dan ia bertanya, "Bolehkah saya tidak menghadiri kebaktian Minggu untuk melakukan beberapa bisnis yang sangat penting?" Jika pemimpin itu berkata, "Baik, jika untuk bisnis penting seperti itu, tidak apa-apa bila kamu tidak menghadiri kebaktian Minggu," maka pemimpin ini membuat orang percaya baru itu tersandung.

Atau misalkan ada seseorang yang bertanggungjawab atas keuangan gereja bertanya, "Bolehkah saya meminjam sebagian uang gereja untuk kepentingan pribadi? Saya akan membayar semuanya dalam beberapa hari." Jika pemimpin gereja menjawab,

"Asalkan kamu akan membayarnya, tidak masalah," maka pemimpin itu mengajarkan sesuatu yang bertentangan dengan kehendak Allah, dengan demikian ia merusak roh saudara seimannya.

Atau jika seorang pemimpin kelompok sel berkata, "Kita hidup di dunia yang sangat sibuk sekarang. Bagaimana mungkin kita sering bertemu?" dan ia mengajarkan saudara seimannya untuk tidak menganggap serius pertemuan gereja, ia sedang mengajar hal yang bertentangan dengan kebenaran Allah, dan dengan demikian ia membuat saudara seimannya tersandung (Ibrani 10:25). Seperti tertulis, *"Jika orang buta menuntun orang buta, pasti keduanya jatuh ke dalam lobang"* (Matius 15:14).

Jadi mengajarkan informasi yang tidak benar kepada saudara seiman dan menyebabkan mereka tersandung dari kebenaran Allah adalah sejenis pembunuhan rohani. Memberi informasi yang salah kepada orang percaya baru bisa mengakibatkan mereka mengalami pencobaan tanpa alasan. Itulah sebabnya para pemimpin gereja yang berada dalam posisi mengajar orang percaya lain harus berdoa sungguh-sungguh di hadapan Allah dan memberikan informasi yang benar, atau mereka harus bertanya kepada pemimpin lain yang jelas-jelas bisa mendapatkan jawaban yang benar dari Allah dan mengarahkan orang percaya yang sedang bertumbuh ke arah yang benar.

Lebih lanjut, mengatakan sesuatu yang tidak boleh, atau

mengatakan hal-hal jahat masuk dalam kategori pembunuhan rohani. Mengatakan hal-hal yang mengutuk dan menghakimi orang lain, mendirikan jamaah Iblis dengan bergosip, atau menciptakan permusuhan di antara orang lain merupakan contoh menghasut orang lain ntuk membenci atau berbuat jahat.

Yang lebih buruk adalah ketika orang menyebarkan rumor tentang seorang hamba Allah, seperti para gembala, atau tentang gereja. Rumor semacam ini bisa membuat banyak orang tersandung, dan karena itu orang-orang yang menyebarkan rumor semacam ini pasti akan menghadapi penghakiman di hadapan Allah.

Dalam beberapa kasus, kita melihat orang merusak roh mereka dengan kejahatan di hati mereka. Contoh orang yang seperti ini adalah orang Yahudi yang berusaha membunuh Yesus – sekalipun Yesus bertindak dalam kebenaran – atau Yudas Iskariot yang mengkhianati Yesus dengan menjual-Nya kepada orang Yahudi seharga tiga puluh koin perak.

Jika seseorang tersandung setelah melihat kelemahan orang lain, orang tersebut juga harus menyadari bahwa ia juga memiliki kejahatan dalam dirinya. Ada saat-saat dimana orang-orang melihat kepada seorang Kristen lahir baru yang belum membuang cara hidupnya yang lama dan berkata, "Bagaimana bisa dia menyebut dirinya orang Kristen? Saya tidak akan pergi ke gereja karena dia." Ini adalah kasus dimana mereka membuat dirinya sendiri tersandung. Tidak ada yang membuat mereka tersandung; melainkan mereka merusak diri mereka sendiri karena hati mereka yang jahat dan menghakimi.

Dalam beberapa kasus, orang bisa undur dari Allah karena kecewa dengan seseorang yang mereka yakini sebagai orang Kristen yang kuat, yang diklaim berbuat tidak benar. Jika saja mereka fokus kepada Allah dan Tuhan Yesus Kristus, mereka tidak akan tersandung maupun meninggalkan jalan keselamatan.

Sebagai contoh, ada saat-saat dimana ada orang menjamin hutang seseorang yang benar-benar mereka percaya dan hormati, tapi karena satu dan lain hal keadaan tidak berlangsung seperti yang diharapkan, dan sebagai akibatnya si penjamin menghadapi kesulitan. Ketika sesuatu seperti ini terjadi, mereka perlu mengerti bahwa keadaan hanya membuktikan bahwa iman mereka bukanlah iman sejati, dan mereka harus bertobat atas ketidaktaatan mereka. Mereka adalah orang yang tidak menaati Allah ketika Allah dengan spesifik meminta kita agar jangan menjadi penanggung hutang.

Dan jika Anda benar-benar memiliki hati yang baik dan iman sejati, saat Anda melihat kelemahan seseorang, Anda harus berdoa baginya dengan hati yang penuh belas kasihan dan menunggu agar dia berubah.

Sebagai tambahan, sebagian orang mungkin jadi batu sandungan bagi mereka sendiri setelah tersinggung saat mendengarkan pesan Allah. Jika, misalnya, pendeta berkotbah tentang dosa tertentu, sekalipun pendeta bahkan tidak pernah berpikir tentang mereka, apalagi menyebut namanya, namun mereka berpikir, "Pendeta itu sedang membicarakan saya! Bagaimana bisa ia melakukan itu di hadapan banyak orang?" Dan mereka meninggalkan gereja.

Atau ketika pendeta mengatakan bahwa persepuluhan adalah milik Allah dan Allah memberkati orang-orang yang memberikan persepuluhan, sebagian orang mengeluh bahwa gereja terlalu menekankan pada uang. Dan kemudian saat pendeta itu bersaksi tentang kekuasaan Allah dan mujizat-Nya, sebagian orang berkata, "Itu tidak masuk akal bagi saya," dan mengeluhkan bahwa firman itu tidak sesuai dengan pengetahuan dan pendidikan mereka. Itu adalah contoh-contoh orang yang tersinggung dan menciptakan batu sandungan di hati mereka.

Allah berkata dalam Matius 11:6, *"Dan berbahagialah orang yang tidak menjadi kecewa dan menolak Aku,"* dan dalam Yohanes 11:10 Ia berkata, *"Tetapi jikalau seorang berjalan pada malam hari, kakinya terantuk, karena terang tidak ada di dalam dirinya."* Jika seseorang memiliki hati yang baik dan rindu menerima kebenaran, ia tidak akan tersandung dan undur dari Alah, karena firman-Nya, yang adalah kebenaran, akan menyertainya. Jika seseorang jatuh tersandung atau tersinggung karena sesuatu, itu hanya membuktikan bahwa kegelapan masih tersisa dalam dirinya.

Tentu saja saat seseorang mudah tersinggung, itu adalah tanda bahwa ia lemah dalam iman atau ia memiliki kegelapan di hatinya. Tapi orang yang menyinggung perasaan orang lain juga harus bertanggungjawab atas perbuatannya. Bagi orang yang menyampaikan pesan kepada orang lain, sekalipun apa yang dikatakannya merupakan kebenaran mutlak, ia harus berusaha menyampaikannya dengan bijaksana, dengan cara yang bisa diterima dalam tingkatan iman si penerima pesan tersebut.

Jika Anda mengatakan kepada seorang Kristen lahir baru yang baru saja menerima Roh Kudus, "Bila Anda ingin diselamatkan, berhentilah minum dan merokok," atau "Jangan membuka toko Anda di hari Minggu," atau "Jika kamu berhenti berdoa, itu akan menjadi dinding pemisah antara kamu dan Allah, jadi pastikan kamu datang ke gereja dan berdoa setiap hari," itu sama saja dengan memberi makan daging kepada bayi yang harus disusui. Sekalipun jika orang Kristen lahir baru itu menaatinya dalam tekanan, mungkin ia akan berpikir, "Ya ampun, sulit sekali jadi orang Kristen," dan ia mungkin merasa berbeban berat, dan cepat atau lambat, menyerahkan imannya.

Matius 18:7 berkata, *"Celakalah dunia dengan segala penyesatannya: memang penyesatan harus ada, tetapi celakalah orang yang mengadakannya!"* Sekalipun Anda mengatakan sesuatu demi kebaikan orang lain, jika apa yang Anda katakan membuat orang lain merasa terpojok atau undur dari Tuhan, itu dianggap pembunuhan rohani, dan tak terelakkan Anda akan menghadapi beberapa pencobaan untuk membayar harga atas dosa itu.

Jadi jika Anda mengasihi Allah, dan jika Anda mengasihi orang lain, Anda harus melatih pengendalian diri atas setiap perkataan yang Anda ucapkan, sehingga apa yang Anda ucapkan membawa berkat dan anugerah bagi semua orang yang mendengar. Sekalipun Anda mengajar seseorang dalam kebenaran, Anda harus berusaha peka dan melihat apakah yang Anda ucapkan membuatnya merasa tertuduh dan berat hati, atau apakah ucapan Anda memberinya harapan dan kekuatan untuk menerapkan ajaran itu dalam hidupnya, agar semua orang yang Anda layani bisa menjalani hidup penuh kemuliaan dalam Yesus Kristus.

Pembunuhan Rohani Membenci Saudara

Jenis kedua pembunuhan rohani adalah membenci saudara atau saudari dalam Kristus.

Tertulis dalam 1 Yohanes 3:15, *"Setiap orang yang membenci saudaranya, adalah seorang pembunuh manusia. Dan kamu tahu, bahwa tidak ada seorang pembunuh yang tetap memiliki hidup yang kekal di dalam dirinya."*

Ini karena pada dasarnya, akar pembunuhan adalah kebencian. Pada awalnya seseorang mungkin membenci orang lain di hatinya. Tapi saat kebencian tumbuh, itu bisa menyebabkannya mengambil tindakan jahat terhadap orang yang dibencinya, dan pada akhirnya, kebencian ini bisa membuat dia melakukan pembunuhan. Dalam kasus Kain juga, semuanya berawal dari Kain membenci saudaranya Habel.

Itulah sebabnya dalam Matius 5:21-22 tertulis, *"Kamu telah mendengar yang difirmankan kepada nenek moyang kita: Jangan membunuh; siapa yang membunuh harus dihukum. Tetapi Aku berkata kepadamu: Setiap orang yang marah terhadap saudaranya harus dihukum; siapa yang berkata kepada saudaranya: Kafir! harus dihadapkan ke Mahkamah Agama dan siapa yang berkata: Jahil! harus diserahkan ke dalam neraka yang menyala-nyala."*

Saat seseorang membenci orang-orang lain di hatinya, kemarahannya bisa membuat dia berkelahi dengan mereka. Dan jika sesuatu yang baik menimpa orang yang dibencinya, ia bisa cemburu dan menghakimi, menuduh orang itu dan menyebarkan berita tentang kelemahannya. Ia bisa memperdayanya dan membahayakannya, atau menjadi musuhnya. Membenci orang lain dan berbuat jahat terhadap orang lain merupakan contoh pembunuhan rohani.

Pada zaman Perjanjian Lama, karena Allah belum mengirimkan Roh Kudus, tidak mudah bagi orang untuk menyunat hatinya dan menjadi kudus. Tapi kini, di zaman Perjanjian baru, karena kita telah menerima Roh Kudus di hati kita, Roh Kudus memberi kita kuasa untuk menyingkirkan tabiat dosa terdalam kita sekalipun.

Sebagai bagian dari Allah Tritunggal, Roh Kudus adalah

seperti ibu yang cermat yang mengajari kita tentang hati Allah Bapa. Roh Kudus mengajar kita tentang dosa, kebenaran, dan penghakiman, dan Ia menolong kita untuk hidup dalam kebenaran. Inilah sebabnya kita bisa membuang dosa.

Karena itulah Allah tidak hanya menyuruh anak-anak-Nya tidak boleh melakukan pembunuhan jasmani, namun Ia juga menyuruh kita untuk membuang akar kebencian dari hati kita. Hanya bila kita bisa membuang semua kejahatan dari hati kita dan mengisinya dengan kasih, barulah kita bisa sungguh-sungguh diam dalam kasih Allah dan menikmati bukti kasih-Nya (1 Yohanes 4:11-12).

Bila kita mencintai seseorang, kita tidak melihat kesalahannya. Dan jika orang tersebut kebetulan memiliki kelemahan, kita akan merasa simpati kepadanya, dan dengan hati penuh harap, menyemangati dia dan memberinya kekuatan untuk berubah. Ketika kita masih menjadi pendosa, Allah memberi kita kasih semacam ini agar kita bisa menerima keselamatan dan masuk surga.

Jadi kita tidak hanya harus menaati perintah-Nya, "Jangan membunuh," namun kita juga harus mengasihi semua orang – musuh kita sekalipun – dengan kasih Kristus dan menerima berkat Allah sepanjang waktu. Dan pada akhirnya, kita akan memasuki tempat terindah di surga dan tinggal bersama Allah untuk selamanya.

Bab 8
Perintah Ketujuh

—— ∽≈ ——

"Jangan Berzina"

Keluaran 20:14

"Jangan berzina."

Gunung Vesuvius, yang terletak di bagian utara Italia, dulu adalah gunung berapi aktif yang hanya mengeluarkan asap sesekali, namun orang menganggap hal itu hanya menambah keindahan pemandangan alam Pompeii.

Pada tanggal 24 Agustus, 79 SM, kira-kira siang hari, saat getaran tanah semakin keras dan keras, awan berbentuk jamur meletus dari Gunung Vesuvius dan menutupi langit sekitar Pompeii. Dengan letusan yang luar biasa, puncak gunung pecah terbuka dan batu-batu yang meleleh dan debu mulai menghujani bumi.

Dalam hitungan menit, tak terhitung jumlah orang yang meninggal sementara orang-orang yang selamat lari ke laut untuk menyelamatkan diri. Tapi kemudian hal terburuk yang mungkin terjadi, terjadilah. Angin tiba-tiba bertiup kencang di laut.

Sekali lagi, gas panas dan racun menelan warga Pompeii yang baru selamat dari letusan gunung dengan melarikan diri ke laut dan, mereka semua berhenti bernafas.

Pompeii merupakan kota menyenangkan yang penuh dengan hawa nafsu dan berhala. Hari-hari terakhirnya mengingatkan kita akan kota Sodom dan Gomora di Alkitab, yang mengalami penghakiman api Allah. Nasib kota-kota tersebut merupakan pengingat yang jelas betapa Allah membenci hati yang penuh hawa nafsu dan penyembahan berhala. Ini jelas diungkapkan dalam Sepuluh Perintah Allah.

"Jangan Berzina"

Perzinaan merupakan aktivitas antara seorang laki-laki dan perempuan yang bukan pasangan masing-masing yang sah. Dahulu kala, perzinaan dianggap perbuatan yang sangat tidak bermoral. Tapi bagaimana dengan hari ini? Karena perkembangan komputer dan internet, orang-orang dewasa dan bahkan anak-anak memiliki akses kepada hal-hal yang penuh hawa nafsu tepat di ujung jari mereka.

Etika mengenai seks dalam masyarakat masa kini telah semakin rusak dimana gambar-gambar sensual atau cabul dipertontonkan di televisi, bioskop, dan bahkan di film kartun anak-anak. Dan keberanian mempertontonkan tubuh menyebar cepat dalam tren pakaian. Dan sebagai akibatnya, pemahaman yang salah mengenai seks menyebar cepat.

Untuk mendapatkan kebenaran mengenai masalah ini, mari kita pelajari pengertian perintah ketujuh, "Jangan Berzina," dalam tiga bagian.

Perzinaan Dalam Tindakan

Nilai-nilai moral kita lebih buruk dari sebelumnya. Sedemikian buruk sehingga di bioskop dan drama televisi, perzinaan sering ditampilkan sebagai sebuah bentuk keindahan cinta. Dan kini, laki-laki dan perempuan yang tidak terikat pernikahan dengan mudah memberikan tubuhnya satu sama lain dan melakukan seks sebelum menikah, dengan berpikir, "Tidak masalah karena kami akan menikah." Bahkan orang-orang yang sudah menikah pun dengan terbuka mengaku bahwa mereka berhubungan dengan orang yang bukan pasangannya. Dan yang lebih buruk lagi, umur dimana orang melakukan hubungan seks menjadi semakin muda.

Jika Anda melihat hukum yang ada saat Sepuluh Perintah diberikan kepada Musa, orang yang melakukan perbuatan zina dihukum keras. Walaupun Allah adalah kasih, perzinaan adalah perbuatan dosa serius yang tak bisa diterima, itulah sebabnya Allah dengan tegas membuat batasan dan melarangnya.

Imamat 20:10 menyatakan, *"Bila seorang laki-laki berzina dengan isteri orang lain, yakni berzina dengan isteri sesamanya manusia, pastilah keduanya dihukum mati, baik laki-laki maupun perempuan yang berzina itu."* Dan di zaman Perjanjian Baru, perbuatan zina dianggap dosa yang menghancurkan tubuh dan roh dan menolak keselamatan pezina.

"Atau tidak tahukah kamu, bahwa orang-orang yang tidak adil tidak akan mendapat bagian dalam Kerajaan Allah? Janganlah sesat! Orang cabul, penyembah berhala, orang berzina, banci, orang pemburit, pencuri, orang kikir, pemabuk, pemfitnah dan penipu tidak akan mendapat bagian dalam Kerajaan Allah" (1 Korintus 6:9-10).

Jika seorang percaya baru melakukan dosa ini karena ketidaktahuan akan kebenaran, ia akan menerima anugerah Allah dan mendapatkan kesempatan untuk bertobat dari dosa-dosanya. Tapi jika seseorang yang seharusnya adalah orang dewasa rohani yang mengenal kebenaran Allah melakukan dosa semacam ini, sulit bagi dia untuk menerima roh pertobatan.

Imamat 20:13-16 berbicara tentang dosa hubungan seksual dengan binatang dan dosa hubungan sesama jenis. Di masa kini, ada negara-negara yang secara hukum memperbolehkan hubungan sesama jenis; namun, ini adalah kekejian di hadapan Allah. Sebagian orang mungkin berkata, "Zaman sudah berubah," tapi tak peduli seberapa besar perubahan zaman, dan tidak peduli seberapa berubah dunia ini, firman Allah, yang merupakan kebenaran, tidak berubah. Karena itu jika seseorang adalah anak Allah, ia tidak boleh mencemarkan dirinya dengan mengikuti tren dunia ini.

Perzinaan Dalam Pikiran

Ketika Allah berbicara tentang perzinaan, Ia tidak hanya bicara tentang perbuatan zina. Tindakan zina yang tampak jelas merupakan kasus perzinaan, namun memperoleh kenikmatan dalam membayangkan atau menonton perbuatan immoral juga masuk dalam kategori perzinaan.

Pikiran cabul membuat seseorang memiliki hati yang cabul;

dan ini merupakan kasus melakukan perzinaan dalam hati. Sekalipun ia tidak melakukan perzinaan jasmani, jika, misalnya, seorang laki-laki melihat seorang perempuan dan berzina di hatinya, Allah, yang melihat ke pusat hati manusia, menganggap itu sama dengan perzinaan jasmani.

Tertulis dalam Matius 5:27-28, *"Kamu telah mendengar firman: Jangan berzina. Tetapi Aku berkata kepadamu: Setiap orang yang memandang perempuan serta menginginkannya, sudah berzina dengan dia di dalam hatinya."* Setelah pikiran dosa merasuk pikiran seseorang, pikiran itu masuk ke hatinya dan muncul dalam tindakannya. Hanya setelah kebencian merasuki hati seseorang maka ia mulai melakukan sesuatu yang bisa menyakiti orang lain. Dan hanya bila kemarahan muncul di hati seseorang ia jadi marah dan mengutuki.

Demikianlah, jika seseorang memiliki hawa nafsu cabul di hatinya, itu bisa dengan mudah berkembang menjadi perzinaan jasmani. Sekalipun tidak tampak jelas, jika seseorang berzina di hatinya, ia telah melakukan perzinaan, karena akar dosa itu adalah sama.

Suatu hari, di tahun pertama saya sekolah seminari, saya sangat terkejut setelah mendengar sekelompok pendeta berbicara. Sampai saat itu saya selalu mengasihi dan menghormati para pendeta dan memperlakukan mereka seperti saya memperlakukan Tuhan. Tapi di akhir diskusi panas itu, mereka tiba pada kesimpulan bahwa "asalkan tidak disengaja, maka melakukan perzinaan di dalam hati bukanlah dosa."

Ketika Allah memberi kita perintah, "Jangan berzina," bukankah ia memberikannya karena Ia tahu kita bisa menaatinya? Karena Yesus berkata, *"Tetapi Aku berkata kepadamu: Setiap orang yang memandang perempuan serta menginginkannya, sudah berzina dengan dia di dalam hatinya,"* kita harus membuang hawa nafsu cabul. Itu saja. Ya, mungkin sulit melakukannya dengan kekuatan manusia kita sendiri, tapi melalui berdoa dan berpuasa, kita bisa menerima kekuatan dari Allah untuk membuang hawa nafsu cabul dari hati kita.

Yesus mengenakan mahkota duri dan menumpahkan darahnya untuk membasuh dosa yang kita lakukan dengan akal dan pikiran kita. Allah mengirim Roh Kudus bagi kita agar kita juga bisa membuang tabiat dosa dalam hati kita. Lalu secara spesifik apa yang bisa kita lakukan untuk membuang hawa nafsu dari hati kita?

Tahapan Membuang Hawa Nafsu dari Hati Kita

Katakanlah misalnya ada perempuan cantik atau laki-laki tampan lewat, dan anda berpikir, "Wow, dia cantik" atau "Dia tampan," "Saya ingin kencan bersama dia," atau "Saya ingin berkencan dengan dia." Tidak banyak orang yang menganggap pemikiran ini penuh hawa nafsu atau cabul. Namun, jika seseorang mengatakan hal tersebut dan dia sungguh-sungguh bermaksud begitu, maka itu adalah pertanda hawa nafsu. Agar kita bisa membuang pertanda hawa nafsu ini pun, kita harus melewati proses bertekun melawan dosa ini.

Biasanya, semakin Anda berusaha untuk tidak memikirkan sesuatu, semakin sering pikiran itu timbul dalam pikiran. Setelah melihat gambar laki-laki dan perempuan melakukan tindakan tak bermoral dalam film, gambar itu tidak meninggalkan kepala Anda. Tapi, gambar itu terus bermain di dalam pikiran Anda berulang-ulang. Tergantung seberapa besar kesan gambar itu di hati Anda, cenderung semakin lama tinggal di memori Anda.

Lalu apa yang bisa kita lakukan untuk membuang pikiran cabul itu dari pikiran kita? Pertama-tama, kita harus berusaha menghindari permainan, majalah, atau semancamnya, yang menampilkan gambar-gambar yang menggoda kita untuk berpikir cabul. Dan saat pikiran cabul memasuki pikiran kita, kita harus menghalangi arah pemikiran kita. Katakanlah sebuah pikiran cabul timbul di kepala Anda. Bukannya membiarkannya tumbuh, Anda harus berusaha menghentikan pemikiran itu segera.

Kemudian saat Anda mengganti pemikiran-pemikiran semacam itu dengan yang baik, benar, dan berkenan kepada Allah, dan Anda terus berdoa, memohon pertolongan-Nya, Ia pasti akan memberi Anda kekuatan untuk melawan godaaan semacam itu. Sepanjang Anda mau dan berdoa dengan bersungguh hati, anugerah dan kekuatan Allah akan turun atas Anda. Dan dengan pertolongan Roh Kudus, Anda akan mampu membuang pikiran penuh dosa itu.

Yang penting untuk diingat adalah jangan berhenti setelah satu atau dua kali mencoba. Anda harus terus berdoa penuh iman sampai habis-habisan. Mungkin butuh waktu sebulan, setahun, atau bahkan dua atau tiga tahun. Tapi selama apapun itu, Anda harus selalu percaya kepada Allah dan terus berdoa. Maka suatu hari Allah akan memberi Anda kekuatan untuk mengalahkan dan membuang hawa nafsu dari hati Anda sekali untuk selamanya.

Ketika Anda sudah melewati tahap dimana Anda bisa "Menghentikan Pikiran yang Salah," kemudian Anda akan memasuki tahap "Mengendalikan Hati Anda." Pada tahap ini, sekalipun Anda melihat gambar cabul, jika Anda memutuskan dalam hati, "Sebaiknya saya tidak memikirkan tentang itu," maka pikiran itu tidak akan memasuki pikiran Anda lagi. Perzinaan dalam hati muncul melalui kombinasi pikiran dan perasaan, dan jika Anad bisa mengendalikan pikiran Anda, maka dosa yang datang dari pikiran itu tidak akan memiliki kesempatan masuk ke hati Anda.

Tahap selanjutnya adalah tahap dimana "Pikiran Yang Tidak Pantas Tidak Muncul" lagi. Sekalipun Anda melihat gambar cabul, pikiran Anda tidak terpengaruh oleh itu, dan dengan demikian hawa nafsu tidak dapat memasuki hati Anda. Tahap selanjutnya adalah tahap dimana "Anda Bahkan Tidak Bisa Dengan Sengaja Berpikiran Tidak Pantas."

Bila Anda tiba pada tahap ini, sekalipun Anda berusaha berpikiran cabul, hal itu tidak terjadi. Karena Anda telah menarik keluar akar dosa itu, bahkan jika Anda melihat gambar yang menggugah hawa nafsu, Anda tidak akan memikirkan atau merasakannya. Ini berarti bahwa kefasikan atau gambar-gambar yang tidak karuan tidak bisa lagi memasuki pikiran Anda.

Tentu saja saat melalui tahapan membuang dosa ini, ada saat-saat dimana Anda merasa sudah membuang keluar semuanya, namun entah bagaimana dosa merangkak kembali kepada Anda.

Tapi jika Anda percaya pada firman Allah, dan Anda rindu menaati perintah-Nya dan membuang dosa Anda, Anda tidak akan stagnan dalam perjalanan iman Anda. Ini seperti mengupas bawang. Saat Anda mengupas satu atau dua lapis, tampaknya lapisan itu tidak ada habisnya, namun tak lama kemudian, Anda sadar bahwa Anda telah mengupas semua lapisan.

Orang-orang percaya yang melihat diri mereka dengan iman tidak menjadi kecewa, dengan berpikir, "Saya sudah berusaha keras, namun saya masih belum bisa membuang tabiat dosa ini." Sebaliknya, mereka harus beriman bahwa mereka akan berubah sampai pada tingkat mereka berusaha membuang dosa-dosa. Dan dengan pikiran itu di benak kita, mereka akan berusaha lebih keras. Jika Anda sadar bahwa Anda masih memiliki tabiat dosa, Anda harus bersyukur bahwa kini Anda punya kesempatan untuk membuangnya.

Jika, saat melewati tahapan membuang hawa nafsu dari kehidupan Anda, sebuah pikiran cabul memasuki pikiran Anda untuk sedetik, jangan risau. Allah tidak menganggap itu perbuatan zina. Jika Anda berdiam dalam pikiran itu dan membiarkannya berkembang lebih jauh, maka pikiran itu menjadi dosa besar, tapi jika Anda segera bertobat dan terus berupaya untuk dikuduskan, Allah akan melihat Anda dengan anugerah dan memberi Anda kekuatan untuk menang atas dosa itu.

Melakukan Perzinaan Rohani

Melakukan perzinaan dengan tubuh diartikan sebagai perzinaan jasmani, tapi sesuatu yang lebih serius daripada perzinaan jasmani adalah melakukan perzinaan rohani. "Perzinaan Rohani" adalah saat seseorang mengklaim dirinya sebagai orang percaya tapi ia lebih mengasihi dunia daripada Allah. Jika Anda pikirkan, alasan fundamental seseorang melakukan perzinaan rohani adalah karena ia lebih mengasihi kenikmatan kedagingan dibandingkan kasih akan Allah di hatinya.

Kolose 3:5-6 berbunyi, *"Karena itu matikanlah dalam dirimu segala sesuatu yang duniawi, yaitu percabulan, kenajisan, hawa nafsu, nafsu jahat dan juga keserakahan, yang sama dengan penyembahan berhala, semuanya itu mendatangkan murka Allah (atas orang-orang durhaka)."* Ini berarti bahwa sekalipun kita menerima Roh Kudus, mengalami mujizat Allah, dan beriman, tetapi jika kita tidak membuang ketamakan dan nafsu yang tidak pantas dari hati kita, maka kita lebih mengasihi segala sesuatu yang duniawi daripada Allah.

Kita tahu dari perintah kedua bahwa arti rohani penyembahan berhala adalah mengasihi sesuatu lebih dari Allah. Lalu apa perbedaan antara "penyembahan berhala rohani" dan "perzinaan rohani"?

Penyembahan berhala adalah saat orang yang tidak mengenal Allah menciptakan berbagai patung dan menyembahnya. Penafsiran rohani "penyembahan berhala" adalah ketika orang-orang percaya yang lemah imannya lebih mengasihi hal-hal duniawi dibandingkan Allah.

Karena sebagian orang percaya baru imannya masih lemah, mungkin mereka lebih mengasihi dunia ini daripada Allah. Mungkin mereka punya pertanyaan seperti, "Apakah Allah benar-benar ada?" atau "Apakah surga dan neraka benar-benar ada?" Karena mereka masih memiliki keraguan, sulit bagi mereka untuk hidup sesuai firman. Mereka mungkin masih cinta uang, ketenaran, atau keluarga mereka lebih dari Allah dan dengan demikian melakukan penyembahan berhala secara rohani.

Tapi, saat mereka lebih sering mendengarkan firman, dan saat mereka berdoa dan mengalami Allah menjawab doa mereka, mereka mulai menyadari bahwa Alkitab itu benar. Dan kemudian mereka bisa percaya bahwa surga dan neraka benar-benar ada. Dan sesudah itu, mereka menyadari alasan mengapa benar-benar mereka perlu mengasihi Allah sebagai yang pertama dan terutama. Jika iman mereka bertumbuh seperti ini, namun mereka masih terus mengasihi dan mengejar hal-hal duniawi, maka mereka sedang melakukan "perzinaan rohani."

Misalnya saja, ada seorang laki-laki yang memiliki pikiran sederhana, "Akan menyenangkan jika menikahi perempuan itu," dan perempuan itu menikah dengan lelaki lain. Dalam kasus ini, kita tidak bisa mengatakan bahwa perempuan itu berbuat zina. Karena laki-laki yang berharap itu hanya naksir, dan si perempuan tidak berhubungan dengannya, kita tidak bisa bilang perempuan itu berbuat zina. Lebih jelas lagi, si perempuan itu hanyalah menjadi berhala di hati laki-laki itu.

Sebaliknya, jika laki-laki dan perempuan itu berkencan, saling menyatakan cinta, dan menikah, dan kemudian si perempuan menjalin hubungan tak bermoral dengan lelaki lain, ini dianggap berbuat zina. Jadi Anda bisa melihat bahwa penyembahan berhala dan melakukan perzinaan rohani tampak sama, namun keduanya sangat berbeda.

Hubungan Antara Bangsa Israel Dengan Allah

Alkitab membandingkan hubungan antara bangsa Israel dan Allah dengan hubungan antara ayah dan anak. Juga dibandingkan dengan hubungan antara suami dan istri. Ini karena hubungan antara bangsa Israel dan Allah sama seperti pasangan yang membuat janji cinta. Tapi, jika Anda melihat sejarah Israel, seringkali bangsa Israel lupa akan perjanjian ini dan menyembah allah-allah asing.

Bangsa-bangsa bukan Yahudi menyembah berhala karena mereka tidak mengenal Allah, namun bangsa Israel, sekalipun mereka mengenal Allah dengan baik dari awal, tetap saja menyembah allah-allah asing karena hasrat egois mereka.

Itulah sebabnya 1 Tawarikh 5:25 berkata, *"Tetapi ketika mereka berubah setia terhadap Allah nenek moyang mereka dan berzina dengan mengikuti segala allah bangsa-bangsa negeri yang telah dimusnahkan Allah dari depan mereka,"* berarti bahwa penyembahan berhala bangsa Israel, pada kenyataannya, adalah perzinaan rohani.

Yeremia 3:8 berkata, *"Dilihatnya, bahwa oleh karena zinanya Aku telah menceraikan Israel, perempuan murtad itu, dan memberikan kepadanya surat cerai; namun Yehuda, saudaranya perempuan yang tidak setia itu tidak takut, melainkan ia juga pun pergi bersundal."* Sebagai akibat dosa Salomo, semasa anaknya, Rehabeam berkuasa, Israel pecah menjadi Israel di Utara dan Yehuda di Selatan. Tak lama setelah pembagian ini, Israel di Utara melakukan perzinaan rohani dengan menyembah berhala, dan sebagai akibatnya, diceraikan dan dihancurkan oleh murka Allah. Kemudian, Kerajaan Yehuda di Selatan, bukannya bertobat, mereka juga terus menyembah berhala.

Semua anak-anak Allah yang sekarang hidup di zaman Perjanjian Baru adalah mempelai Yesus Kristus. Inilah sebabnya rasul Paulus bersaksi bahwa bila berbicara tentang menyambut Tuhan, ia bekerja keras mempersiapkan orang-orang percaya untuk menjadi mempelai suci bagi Kristus, yang adalah mempelai pria (2 Korintus 11:2)

Jadi jika seorang percaya menyebut Tuhan "Mempelaiku," sedangkan ia terus mengasihi dunia dan hidup menyimpang dari kebenaran, maka ia melakukan perzinaan rohani (Yakobus 4:4). Jika seorang suami atau istri mengkhianati pasangannya dan melakukan perzinaan jasmani, itu adalah dosa yang sangat parah yang sulit untuk dimaafkan. Jika seseorang mengkhianati Allah dan Tuhan dan melakukan perzinaan rohani, betapakah lebih parah dosanya?

Di Yeremia pasal 11, kita bisa melihat Allah menyuruh Yeremia untuk tidak berdoa bagi Israel, karena bangsa Israel menolak berhenti melakukan perzinaan rohani. Ia lalu berkata bahwa sekalipun jika orang-orang Israel berseru kepada-Nya, Ia tidak akan mendengarkan.

Jadi jika kekejian perzinaan rohani mencapai titik tertentu, orang yang melakukannya tidak akan mampu mendengar suara Roh Kudus; tak peduli seberapa keras ia berdoa, doanya tidak akan dijawab. Saat seseorang menjauh dari Allah, ia jadi semakin duniawi, dan dengan demikian melakukan dosa yang membawa maut – dosa-dosa seperti perzinaan jasmani. Sebagaimana tertulis dalam Ibrani pasal 6 maupun pasal 10, ini sama seperti menyalibkan Yesus Kristus kedua kalinya, dan dengan demikian sedang berjalan menuju jalan kematian.

Karena itu mari kita membuang dosa perbuatan zina dalam roh, pikiran, maupun tubuh, dan dengan perbuatan kudus, memenuhi persyaratan untuk menjadi mempelai Tuhan – tak bercacat dan tak bernoda – menjalani hidup penuh berkat yang menyenangkan hati Allah.

Bab 9
PERINTAH KEDELAPAN

— ∽∾ —

"Jangan Mencuri"

Keluaran 20:15

"Jangan mencuri."

Ketaatan terhadap Sepuluh Perintah Allah secara langsung mempengaruhi keselamatan kita dan kemampuan kita untuk mengatasi, mengalahkan, dan menguasai kekuasaan musuh si jahat dan Iblis. Bagi bangsa Israel, menaati atau tidak menaati Sepuluh Perintah Allah menentukan apakah mereka adalah salah satu bangsa pilihan Allah atau bukan.

Demikianlah, bagi kita yang telah menjadi anak-anak Allah, apakah kita menaati maupun tidak menaati firman Allah menentukan apakah kita diselamatkan atau tidak. Ini karena ketaatan kita pada perintah Allah menciptakan sebuah standar bagi iman kita. Jadi ketaatan kepada Sepuluh Perintah Allah berhubungan dengan keselamatan kita, dan perintah itu juga merupakan warisan kasih dan berkat Allah bagi kita.

"Jangan Mencuri."

Ada sebuah pepatah tua Korea yang berkata, "Pencuri jarum menjadi pencuri sapi." Ini artinya jika seseorang melakukan kejahatan kecil dan ia tidak dihukum, dan ia terus mengulangi perbuatan negatif, maka ia akan segera melakukan kejahatan yang lebih serius dengan konsekuensi yang besar dan negatif. Inilah sebabnya Allah memperingatkan kita, "Jangan mencuri."

Ini adalah sebuah cerita tentang seorang bernama Fu Pu-chi, yang dijuluki "Tsze-tsien" atau "Tzu-chien" dan merupakan salah satu murid Konfusius, dan komandan Tan-fu di negara bagian Lu, semasa periode Chunqiu Cina (Musim Semi dan Musim Gugur) dan Periode Negara-Negara Bagian yang Berperang. Ada berita bahwa pasukan negara bagian Qi akan menyerang, dan Fu Pu-chi memerintahkan agar gerbang-gerbang kota ditutup rapat.

Ini terjadi di musim panen dan tuaian di ladang sudah matang untuk dipanen. Rakyat bertanya, "Sebelum menutup gerbang-gerbang bolehkah kami memanen tanaman di ladang, sebelum musuh tiba?" Tanpa mempedulikan permintaan rakyat, Fu Pu-chi menutup gerbang-gerbang kota. Kemudian rakyat mulai marah kepada Fu Pu-chi, dan mengatakan bahwa ia berpihak kepada musuh, kemudian ia dikirim kepada raja untuk diperiksa. Saat raja mempertanyakan tindakannya, Fu Pu-chi menjawab, "Ya, kita rugi besar bila musuh mengambil semua hasil panen kita, namun jika rakyat kita, dengan tergesa-gesa, jadi terbiasa mengumpulkan hasil panen dari ladang yang bukan milik mereka, akan sulit untuk mematahkan kebiasaan ini bahkan sesudah sepuluh tahun." Dengan pernyataan ini, Fu Pu-chi mendapatkan kehormatan besar dan kekaguman dari raja.

Fu Pu-chi bisa saja membiarkan rakyatnya mengumpulkan hasil panen seperti yang mereka minta, tapi jika mereka belajar membenarkan tindakan mereka mencuri dari ladang orang lain, maka konsekuensi yang berlangsung bisa lebih merugikan rakyat dan kerajaan mereka dalam jangka panjang. Jadi "mencuri" berarti memperlakukan sesuatu dengan cara yang salah dengan motivasi yang salah; atau mengambil sesuatu yang bukan miliknya, atau secara sembunyi-sembunyi mengambil benda milik orang lain.

Tapi "mencuri" yang dimaksudkan Allah juga memiliki pengertian rohani yang lebih dalam dan lebih luas. Jadi apa yang terkandung dalam makna "mencuri," dalam perintah kedelapan?

Mengambil Milik Orang Lain: Pengertian Jasmani dari Mencuri

Alkitab secara spesifik melarang mencuri, dan menggarisbawahi peraturan spesifik tentang apa yang harus dilakukan bila seseorang mencuri (Kejadian 22).

Jika hewan curian ditemukan masih hidup di antara harta milik si pencuri, maka pencuri itu harus membayar dua kali lipat nilai hewan itu. Jika seseorang mencuri hewan dan menyembelih atau menjualnya, untuk anak sapi ia harus mengganti lima kali lipat kepada pemilik empat kali lipat bagi domba. Tak peduli seberapa kecil bendanya, mangambil benda milik orang lain adalah mencuri, dam masyarakat menyebutnya sebagai tindakan kriminal yang memiliki sanksi tertentu.

Selain hal-hal yang jelas-jelas merupakan pencurian, ada kasus-kasus dimana orang bisa mencuri karena bersikap acuh tak acuh. Sebagai contoh, dalam kehidupan kita sehari-hari, kita mungkin terbiasa menggunakan benda-benda milik orang lain tanpa permisi dan tanpa banyak berpikir. Kita bahkan mungkin tidak merasa bersalah atas penggunaan tanpa permisi, karena bisa saja kita sangat dekat dengan orang tersebut atau benda yang kita gunakan tidak terlalu berharga.

Sama halnya bila kita menggunakan benda-benda milik pasangan kita tanpa permisi. Bahkan dalam sebuah situasi tak terelakkan, jika kita menggunakan sesuatu tanpa permisi, segera setelah kita selesai menggunakannya, kita harus cepat-cepat mengembalikannya. Tapi, seringkali kita bahkan tidak mengembalikannya.

Ini tidak saja merugikan orang lain; ini merupakan tindakan tidak menghargai orang tersebut. Sekalipun tidak dianggap tindakan kriminal serius menurut hukum, ini adalah mencuri di mata Allah. Jika seseorang sungguh berhati nurani baik, dan ia mengambil sesuatu – sekecil dan setidak bernilai apapun – dari seseorang tanpa permisi, ia akan merasa bersalah atas hal itu.

Bahkan walaupun kita tidak mencuri maupun mengambil paksa, jika kita mendapatkan milik seseorang dengan cara yang tidak benar, ini tetap dianggap mencuri. Menggunakan posisi atau kekuasaan untuk menerima suap juga masuk dalam kategori ini. Keluaran 23:8 memperingatkan, *"Suap janganlah kauterima, sebab suap membuat buta mata orang-orang yang melihat dan memutarbalikkan perkara orang-orang yang benar."*

Produsen yang baik hati akan merasa bersalah bila mereka memberi harga terlalu tinggi untuk mendapatkan keuntungan lebih bagi mereka. Sekalipun mereka tidak mencuri milik orang lain diam-diam, tindakan ini dianggap pencurian karena mengambil lebih dari bagian mereka yang sewajarnya.

Pencurian Rohani: Mengambil Milik Allah

Selain dari "pencurian" dimana Anda mengambil dari orang lain tanpa permisi, ada "pencurian rohani" dimana Anda mengambil dari Allah tanpa permisi. Sesungguhnya ini dapat mempengaruhi keselamatan seseorang.

Yudas Iskariot, salah satu murid Yesus, bertanggungjawab mengelola semua persembahan yang diberikan orang setelah disembuhkan atau diberkati oleh Yesus. Tapi seiring waktu, ketamakan memasuki hatinya, dan ia mulai mencuri (Yohanes 12:6).

Dalam Yohanes 12, dimana Yesus mengunjungi rumah Simon di Betani, kita melihat sebuah kejadian dimana ada seorang perempuan datang dan mencurahkan minyak wangi kepada Yesus. Saat melihat ini, Yudas menegur perempuan itu, bertanya mengapa minyak wangi itu tidak dijual saja dan uangnya diberikan kepada orang-orang miskin. Jika minyak wangi itu terjual, maka ia, sebagai bendahara, bisa mengambil uang itu, namun karena minyak wangi itu sudah dicurahkan di kaki Yesus, ia merasa bahwa itu adalah benda berharga yang dibuang sia-sia. Akhirnya, Yudas, menjadi hamba uang, menjual Yesus seharga tigapuluh keping perak. Walaupun ia berkesempatan menerima kemuliaan disebut sebagai seorang murid Yesus, tapi ia mencuri dari Allah dan menjual gurunya, menimbun dosa-dosanya. Sayangnya, ia bahkan tidak bisa menerima roh pertobatan sebelum ia membunuh dirinya dan mati mengenaskan (Kisah Para rasul 1:18).

Inilah sebabnya kita perlu memperhatikan lebih dekat apa yang terjadi jika seseorang mencuri dari Allah.

Kasus Pertama Adalah Jika Seseorang Mengambil Uang Gereja.

Sekalipun jika si pencuri bukanlah orang percaya, bila ia mencuri dari gereja, ia pasti merasakan semacam ketakutan di hatinya. Tapi jika seorang percaya mengambil uang Allah, bagaiman mungkin berkata bahwa ia pun punya iman untuk menerima keselamatan?

Sekalipun jika orang tidak pernah tahu, Allah melihat segalanya, dan pada waktunya, Ia akan melakukan penghakiman keadilan-Nya, dan si pencuri itu harus membayar harga atas dosanya. Jika pencuri itu tidak dapat bertobat dari dosanya dan mati tanpa menerima keselamatan, betapakah mengerikannya hal itu? Pada saat itu, tak peduli sebanyak apa ia memukuli dadanya dan bertobat dari perbuatannya, sudah terlambat. Seharusnya sejak awal ia jangan pernah mengambil uang Allah.

Kasus Kedua Adalah Jika Seseorang Menyalahgunakan Hak Milik Gereja atau Menyalahgunakan Uang Gereja.

Sekalipun jika seseorang tidak secara langsug mencuri, jika ia menggunakan uang yang dikumpulkan sebagai dana keanggotaan kelompok misi atau persembahan lainnya demi kepentingan pribadi, itu sama saja dengan mencuri dari Allah. Juga termasuk mencuri jika seseorang membeli alat tulis dan perlengkapan kantor dan menggunakannya untuk kepentingan pribadi.

Memboroskan perlengkapan gereja, mengambil dana gereja untuk membeli perlengkapan dan menggunkan sisa uang kembaliannya untuk kepentingan lain ketimbang mengembalikannya kepada gereja, atau menggunakan telepon gereja, listrik, peralatan, furnitur, atau perlengkapan lainnya untuk kepentingan sendiri tanpa pertimbangan adalah juga bentuk penyalhgunaan uang gereja.

Kita juga harus memastikan bahwa anak-anak tidak melipat atau merobek amplop persembahan, warta jemaat atau koran untuk bersenang-senang atau bermain. Sebagian mungkin berpikir itu adalah pelanggaran yang kecil dan tidak signifikan, namun pada tingkatan rohani, pada dasarnya ini mencuri dari Allah, dan tindakan ini bisa menjadi tembok dosa antara kita dengan Allah.

Kasus Ketiga Adalah Mencuri Persepuluhan dan Persembahan.

Di Maleakhi 3:8-9, tertulis, *"Bolehkah manusia menipu Allah? Namun kamu menipu Aku. Tetapi kamu berkata: 'Dengan cara bagaimanakah kami menipu Engkau?' Mengenai persembahan persepuluhan dan persembahan khusus! Kamu telah kena kutuk, tetapi kamu masih menipu Aku, ya kamu seluruh bangsa!"*

Persepuluhan adalah memberi kepada Allah sepuluh persen dari pendapatan kita, sebagai bukti kita memahami bahwa Allah adalah Tuan atas benada-benda materil dan Ia mengawasi semua kehidupan kita. Itulah sebabnya jika kita berkata kita percaya kepada Allah tapi tidak memberi persepuluhan, kita sedang mencuri dari Allah, dan kemudian kutuk bisa merangkak masuk ke kehidupan kita. Ini tidak berarti Allah akan mengutuk kita. Ini berarti bahwa bila setan menuduh kita atas kesalahan ini, Allah tidak dapat melindungi kita, karena pada dasarnya, kita melanggar hukum rohani Allah. Karena itu kita mungkin mengalami masalah keuangan, pencobaan, bencana tiba-tiba atau sakit-penyakit.

Tapi sebagaimana tertulis dalam Maleakhi 3:10, *"Bawalah seluruh persembahan persepuluhan itu ke dalam rumah perbendaharaan, supaya ada persediaan makanan di rumah-Ku dan ujilah Aku, firman TUHAN semesta alam, apakah Aku tidak membukakan bagimu tingkap-tingkap langit dan mencurahkan berkat kepadamu sampai berkelimpahan."* Saat kita memberikan persepuluhan dengan benar, kita dapat menerima berkat dan perlindungan yang dijanjikan Allah.

Ada sebagian orang yang tidak menerima perlindungan Allah karena mereka tidak memberi persepuluhan mereka dengan utuh. Tanpa memperhitungkan sumber pendapatan lain, mereka menghitung persepuluhan dari pendapatan bersih mereka, bukan pendapatan kotor, yakni setelah mengurangi potongan dan pajak.

Tapi persepuluhan yang benar adalah memberikan kepada Allah sepuluh persen dari total pendapatan. Pendapatan dari bisnis sampingan, hadiah berupa uang, undangan makan malam, atau pemberian-pemberian lain yang merupakan keuntungan pribadi, jadi kita harus menghitung sepersepuluh dari nilai pendapatan semacam itu dan memberikan persepuluhannya juga.

Dalam beberapa kasus, orang mengitung persepuluhannya namun mempersembahkannya kepada Allah sebagai persembahan misi, atau persembahan baik lainnya. Tapi tetap saja itu adalah mencuri dari Allah, karena itu bukanlah persepuluhan yang benar. Bagaimana gereja menggunakan persembahan-persembahan adalah tergantung pada departemen keuangan gereja, tapi tergantung kita untuk memberikan persepuluhan kita dengan nama persembahan yang benar.

Kita juga bisa memberikan persembahan lain sebagai persembahan syukur. Anak-anak Allah punya begitu banyak hal yang harus disyukuri. Dengan hadiah keselamatan kita bisa masuk surga, dengan kewajiban yang berbeda-beda di gereja kita bisa merauh upah di surga, dan sementara kita hidup di dunia ini, kita menerima perlindungan dan berkat Allah sepanjang waktu, jadi betapa kita harus bersyukur!

Itulah sebabnya setiap hari Minggu kita datang ke hadapan Allah dengan berbagai persembahan syukur berterimakasih kepada Allah karena melindungi kita selama seminggu. Dan berdasarkan perayaan-perayaan dan peristiwa-peristiwa alkitabiah dimana kita punya alasan khusus untuk berterimakasih kepada Allah, kita sisihkan persembahan khusus dan mempersembahkannya kepada Allah.

Dalam hubungan kita dengan orang lain, ketika seseorang menolong kita atau melayani kita secara khusus, kita tidak hanya sekedar berterima-kasih dalam hati; kita ingin memberikan sesuatu kepadanya sebagai balasan. Demikian juga, sudah sewajarnya kita akan ingin mempersembahkan sesuatu kepada Allah untuk menunjukkan penghargaan kita karena memberikan kita keselamatan dan mempersiapkan surga bagi kita (Matius 6:21).

Jika seseorang berkata ia punya iman tapi pelit memberi kepada Allah, itu artinya ia masih punya ketamakan atas materi. Ini menunjukkan bahwa ia lebih mengasihi materi daripada Allah. Itulah sebabnya Matius 6:24 berkata, *"Tak seorangpun dapat mengabdi kepada dua tuan. Karena jika demikian, ia akan membenci yang seorang dan mengasihi yang lain, atau ia akan setia kepada yang seorang dan tidak mengindahkan yang lain. Kamu tidak dapat mengabdi kepada Allah dan kepada Mamon."*

Jika kita adalah orang Kristen dewasa, namun lebih mengasihi harta benda lebih daripada Allah, maka lebih mudah bagi kita tergelincir mundur dalam iman daripada maju. Anugerah yang pernah kita terima menjadi kenangan yang telah lama hilang, alasan-alasan untuk bersyukur jadi menyusut, dan tanpa kita sadari, iman kita layu hingga pada titik dimana keselamatan kita dalam bahaya.

Allah disenangkan dengan aroma persembahan yang penuh ucapan syukur dan iman yang sejati. Setiap orang punya ukuran iman yang berbeda, dan Allah tahu keadaan tiap-tiap orang, dan Ia melihat ke dalam hati semua orang. Jadi bukan ukuran atau nilai persembahan yang penting bagi-Nya. Ingatlah bahwa Yesus memuji janda yang mempersembahkan dua koin tembaga kecil yang merupakan semua miliknya untuk bertahan hidup (Lukas 21:2-4).

Jika kita menyenangkan Allah seperti itu, Allah akan memberkati kita dengan begitu banyak berkat dan alasan untuk bersyukur sehingga persembahan yang kita berikan tidak ada bandingannya dengan berkat yang kita terima dari-Nya. Allah memastikan jiwa kita sejahtera, dan Ia memberkati kita sehingga hidup kita melimpah dengan lebih banyak lagi alasan untuk bersyukur. Allah memberkati kita tigapuluh kali ganda, enam puluh kali ganda, dan seratus kali ganda dari persembahan yang kita naikkan kepada-Nya.

Setelah menerima Yesus Kristus, segera setelah saya tahu bahwa kita harus memberikan persepuluhan yang benar dan persembahan kepada Allah, saya segera taat. Saya mempunyai banyak hutang selama tujuh tahun saya terbaring karena penyakit, namun karena saya sedemikian bersyukur Allah menyembuhkan saya dari berbagai kelemahan tubuh saya, saya selalu mempersembahkan kepada Allah sebanyak saya mampu. Sekalipun saya dan istri bekerja, kami hampir tidak mampu membayar bunga hutang kami. Meski demikian, kami tidak pernah pergi beribadah dengan tangan kosong.

Ketika kami percaya kepada Allah Yang Mahakuasa dan menaati firman-Nya, Ia menolong kami mengatasi hutang kami hanya dalam beberapa bulan. Dan pada waktunya, kami bisa mengalami Allah mencurahkan berkat-Nya atas kami sehingga kami bisa hidup dalam kelimpahan.

Kasus Keempat Adalah Mencuri Firman Allah.

Mencuri firman Allah berarti membuat nubuat palsu dalam nama Allah (Yeremia 23:30-32). Sebagai contoh, ada orang yang mencuri firman-Nya dengan berkata bahwa mereka mendengar suara Allah dan mereka berbicara tentang masa depan seperti seorang peramal atau mengatakan kepada seorang yang terus gagal dalam bisnis bahwa "Allah membuat Anda gagal dalam bisnis karena Anda harusnya menjadi pendeta, bukannya menjalankan bisnis."

Juga termasuk mencuri firman Allah bila seseorang bermimpi dan melihat penglihatan yang berasal dari pikirannya sendiri dan berkata, "Allah memberiku mimpi ini," atau "Allah memberiku penglihatan ini." Ini juga masuk kategori menyalahgunakan nama Allah.

Tentu saja memahami kehendak Allah melalui pekerjaan Roh Kudus dan memproklamasikan kehendak Allah adalah baik, namun untuk bisa melakukannya dengan benar, kita perlu memeriksa apakah kita berkenan di hadapan Allah. Ini karena Allah tidak akan bicara kepada siapa saja. Ia hanya bisa bicara kepada orang yang hatinya minim kejahatan. Inilah sebabnya kita perlu memastikan bahwa kita tidak sedikitpun mencuri firman Allah saat terhanyut dalam pikiran kita sendiri.

Selain itu, jika kita pernah merasakan kegelisahan, rasa rendah diri, atau rasa malu ketika kita mengambil atau melakukan sesuatu, ini adalah tanda bahwa kita harus mengevaluasi kembali diri kita. Alasan mengapa kita merasakan kegelisahan adalah karena mungkin kita mengambil sesuatu yang bukan milik kita demi motif egois kita, dan Roh Kudus dalam diri kita berduka.

Sebagai contoh, sekalipun kita tidak mencuri benda, jika kita menerima gaji setelah bekerja bermalas-malasan atau jika kita menerima sebuah kewajiban atau tugas di gereja namun kita gagal memenuhi tanggungjawab kita, dengan asumsi kita punya hati yang baik, kita harusnya merasa gelisah.

Juga, jika seorang hamba Allah membuang waktu yang ditetapkan bagi Allah dan menyebabkan kerugian waktu bagi kerajaan Allah, ia sedang mencuri waktu. Tidak hanya terhadap Allah, tapi juga dalam pekerjaan atau kegiatan informal, kita perlu memastikan bahwa kita tepat waktu sehingga kita tidak merugikan orang lain dengan membuang waktu mereka.

Karena itu kita harus selalu mengevaluasi diri kita sendiri dan memastikan bahwa kita tidak sedang melakukan dosa mencuri waktu dengan cara apapun, dan membuang keegoisan dan ketamakan dari pikiran dan hati kita. Dan dengan nurani yang bersih, kita harus berusaha memiliki hati yang benar dan tulus di hadapan Allah.

Bab 10
Perintah Kesembilan

"Jangan Mengucapkan Saksi Dusta Tentang Sesamamu"

Keluaran 20:16

"Jangan mengucapkan saksi dusta tentang sesamamu."

Pada malam Yesus ditangkap. Sementara Petrus duduk di halaman di mana Yesus ditanyai, seorang hamba perempuan berkata kepadanya, "Engkau juga selalu bersama-sama dengan Yesus, orang Galilea itu." Mendengar ini, Petrus yang terkejut menjawab, "Aku tidak tahu apa yang engkau maksud" (Matius 26).

Petrus tidak benar-benar menyangkal Yesus dari dasar hatinya – ia berbohong karena sentakan rasa takut yang tiba-tiba. Tepat setelah kejadian itu, Petrus pergi keluar dan memukulkan kepalanya ke tanah, menangis tersedu-sedu. Lalu ketika Yesus memikul salib ke Golgota, Petrus hanya mengikuti dari kejauhan, malu dan bahkan tidak mampu menegakkan kepalanya.

Sekalipun semua ini terjadi sebelum Petrus menerima Roh Kudus, karena kebohongan itu, ia tidak berani disalibkan seperti Yesus, menggantikannya. Bahkan setelah menerima Roh Kudus dan mengabdikan seluruh hidupnya untuk pelayanan-Nya, ia sangat malu mengingat waktu ia menyangkal Yesus, dan akhirnya ia menawarkan diri untuk disalibkan terbalik.

"Jangan Mengucapkan Saksi Dusta Tentang Sesamamu"

Di antara perkataan yang diucapkan orang setiap hari, ada sebagian perkataan yang sangat penting, sedangkan yang lainnya tidak penting. Sebagian perkataan tidak bermakna, dan sebagian lagi adalah perkataan jahat yang menyakiti atau menipu orang lain.

Dusta adalah perkataan jahat yang menyimpang dari kebenaran. Sekalipun mereka tidak mengakuinya, banyak orang menyatakan dusta tak terhingga setiap harinya – baik besar maupun kecil. Sebagian orang dengan bangga berkata, "Saya tidak berdusta," tapi sebelum mereka sadari, mereka tanpa sadar sedang berdiri di puncak sebuah gunung dusta.

Kotoran, kenajisan, dan kekacauan bisa tersembunyi dalam kegelapan. Tapi, jika cahaya terang bersinar ke dalam ruangan, bahkan debu terkecil pun atau noda karat akan tampak jelas. Demikianlah, Allah, yang adalah kebenaran itu sendiri, adalah seperti terang itu; dan ia melihat banyak orang selalu berdusta.

Inilah sebabnya dalam perintah kesembilan, Allah meminta kita untuk tidak bersaksi dusta tentang sesama kita. Di sini, "sesama" menandakan orangtua, saudara, anak-anak –semua orang selain diri sendiri. Mari kita periksa bagaimana Allah mengartikan "saksi dusta" dalam tiga bagian.

Pertama, "Mengucapkan Saksi Dusta" Berarti Membicarakan Sesama Anda Dengan Cara yang Tidak Benar.

Kita bisa melihat betapa buruknya bersaksi dusta, misalnya saja, ketika kita mengamati persidangan di pengadilan. Karena kesaksian saksi secara langsung mempengaruhi keputusan akhir, melenceng sedikit saja bisa sangat merugikan orang yang tidak bersalah, dan keadaan bisa menjadi masalah hidup atau mati baginya.

Dalam rangka mencegah penyalahgunaan saksi atau praktek kesaksian palsu, Allah memerintahkan agar para hakim mendengar berbagai kesaksian berbeda-beda agar bisa dengan tepat memahami seluruh aspek kasus sehingga mereka bisa membuat keputusan yang bijaksana dan adil. Inilah sebabnya Allah memerintahkan orang-orang yang bersaksi dan mereka yang mengadili melakukannya dengan bijaksana dan berhati-hati.

Dalam Ulangan 19:15, Allah berkata, *"Satu orang saksi saja tidak dapat menggugat seseorang mengenai perkara kesalahan apapun atau dosa apapun yang mungkin dilakukannya; baru atas keterangan dua atau tiga orang saksi perkara itu tidak disangsikan."* Ia kemudian berkata di ayat 16-20 bahwa *"Apabila seorang saksi jahat menggugat seseorang untuk menuduh dia mengenai suatu pelanggaran,"* maka ia patut menerima hukuman yang ia maksudkan diterima sesamanya itu.

Selain kasus serius dimana seseorang merugikan orang lain, ada juga kasus-kasus lain dimana orang berbohong kecil di sana-sini mengenai sesama mereka dalam kehidupan sehari-hari. Sekalipun seseorang tidak berbohong mengenai sesamanya, jika ia tidak menyatakan kebenaran dalam keadaan dimana ia seharusnya berbicara benar untuk membela sesamanya, ini juga bisa dianggap bersaksi dusta.

Jika orang lain disalahkan atas kesalahan yang kita lakukan, dan kita tidak bicara karena takut terkena masalah, maka bagaimana bisa kita memiliki nurani yang murni? Ya, Allah memerintahkan kita agar tidak berbohong, namun Ia juga memerintahkan kita untuk memiliki hati yang jujur sehingga perkataan dan perbuatan kita mencerminkan integritas dan kejujuran pula.

Lalu apa pendapat Allah mengenai "kebohongan putih kecil" yang kita ucapkan untuk menghibur seseorang atau untuk membuatnya merasa baikan?

Sebagai contoh, kita sedang mengunjungi seorang teman dan ia bertanya, "Apa kamu sudah makan?" dan walaupun kita belum makan, kita menjawab, "Ya, saya sudah makan," agar tidak merepotkan dia. Tapi bagaimanapun juga, dalam kasus ini, kita tetap harus menyatakan kebenaran dengan berkata, "Tidak, saya belum makan, tapi saya belum mau makan sekarang."

Berikut adalah contoh-contoh kejadian "kebohongan putih kecil" di Alkitab.

Dalam Keluaran pasal 1, ada kisah dimana Raja Mesir merasa risau karena bangsa Israel semakin banyak, dan ia memberikan sebuah titah khusus kepada bidan-bidan Ibrani. Ia memerintahkan mereka, *"Apabila kamu menolong perempuan Ibrani pada waktu bersalin, kamu harus memperhatikan waktu anak itu lahir: jika anak laki-laki, kamu harus membunuhnya, tetapi jika anak perempuan, bolehlah ia hidup"* (ayat 16).

Tapi para bidan Ibrani yang takut akan Allah tidak mendengarkan raja dan membiarkan bayi-bayi laki-laki hidup. Ketika raja menegur para bidan itu dan bertanya, "Mengapa engkau melakukan itu, dan membiarkan anak-anak laki-laki itu hidup?" Mereka menjawab, "Karena perempuan Ibrani tidak seperti perempuan Mesir: mereka sangat kuat dan melahirkan sebelum bidan datang."

Juga, ketika raja pertama Israel, Raja Saul, iri kepada Daud dan berusaha membunuhnya karena Daud lebih dikasihi rakyat daripada dirinya, Yonathan, anak Saul, menipu dia untuk menyelamatkan nyawa Daud.

Dalam kasus ini, dimana orang-orang berbohong demi kepentingan orang lain, murni berniat baik, dan bukan demi kepentingan egois mereka, Allah tidak akan otomatis menghukum mereka, karena mereka sedang berusaha untuk menyelamatkan nyawa orang dengan niat baik. Tapi bagaimanapun juga, mereka akan mampu menyentuh hati lawan atau orang yang sedang mereka hadapi tanpa harus mengatakan "bohong putih kecil."

Kedua, Menambahkan atau Mengurangi Perkataan saat Menyampaikan Pesan Merupakan Bentuk Lain Mengucapkan Saksi Dusta.

Ini adalah kasus bila Anda meneruskan pesan tentang seseorang dengan cara yang mengurangi kebenaran – mungkin karena Anda menambahkan pemikiran atau perasaan Anda sendiri, atau melewatkan kalimat tertentu. Ketika seseorang menyampaikan sesuatu, kebanyakan orang mendengar dengan telinga subyektif mereka, sehingga bagaimana mereka memahami informasi tergantung pada emosi dan pengalaman masa lalu mereka sendiri. Itulah sebabnya ketika informasi tertentu diteruskan dari satu orang ke orang lain, maksud awal si pembicara asli dapat dengan mudah hilang.

Tapi sekalipun setiap kata – tanda baca dan lain sebagainya – disampaikan secara akurat, tergantung intonasi dan penekanan si pembawa pesan atas, kata-kata tertentu, tak terelakkan maknanya akan berubah. Sebagai contoh, ada perbedaan besar antara seorang yang dengan manis bertanya kepada temannya,"Kenapa?" dan seseorang dengan ekspresi bengis di wajahnya berteriak kepada musuhnya, "Kenapa?!"

Inilah sebabnya setiap kita mendengarkan seseorang, kita harus berusaha memahami apa yang ia katakan tanpa mengikutsertakan perasaan pribadi terhadap pesan mereka. Hal yang sama berlaku saat kita berbicara kepada orang lain. Kita harus berusaha keras untuk meneruskan pesan pembicara secara akurat – semua maksudnya.

Lebih lanjut, jika isi pesannya tidak benar dan tidak akan membantu si pendengar, sekalipun kita bisa menyampaikannya dengan akurat, lebih baik jika kita tidak menyampaikannya sama sekali. Ini karena walaupun kita menyampaikannya dengan maksud baik, pihak penerima mungkin terluka atau tersinggung, dan jika ini terjadi, kita bisa menimbulkan permusuhan.

Matius 12:36-37 berbunyi, *"Tetapi Aku berkata kepadamu: Setiap kata sia-sia yang diucapkan orang harus dipertanggungjawabkannya pada hari penghakiman. Karena menurut ucapanmu engkau akan dibenarkan, dan menurut ucapanmu pula engkau akan dihukum."* Karena itu kita harus menahan diri untuk tidak mengatakan hal-hal yang bukan berasal dari kebenaran dan kasih di dalam Tuhan. Ini berlaku juga dalam hal mendengarkan.

Ketiga, Menghakimi dan Mengkritik Orang Lain Tanpa Benar-Benar Mengerti Hati Mereka Juga Merupakan Bentuk Mengucapkan Saksi Dusta Terhadap Sesama Manusia.

Cukup sering, orang menghakimi hati dan maksud seseorang hanya dengan melihat ekspresi atau perbuatannya, dengan berpedoman pada pikiran dan perasaan mereka sendiri. Mereka bisa berkata, "Orang itu mungkin berkata begitu dengan pertimbangan ini," atau mereka mungkin berkata, "Pasti dia punya maksud tertentu berbuat seperti itu."

Seandainya ada seorang karyawan muda bertingkah laku terlalu baik terhadap atasannya karena ia gugup menghadapi lingkungan barunya. Sang atasan mungin berpikir, "Orang baru itu tampak tidak nyaman dengan saya. Mungkin karena saya memberikan kritik negatif kepadanya kemarin." Ini adalah kesalahpahaman yang dibentuk oleh atasan itu berdasarkan kesannya. Dalam kasus lain, seseorang yang matanya buram atau sedang berpikir keras lewat di depan temannya dan tidak menyadari bahwa temannya ada di sana. Temannya itu bisa berpikir, "Dia bersikap seakan-akan ia tidak kenal saya! Mungkin ia marah kepada saya."

Dan jika orang lain berada dalam situasi yang sama, ia mungkin menunjukkan reaksi lain. Setiap orang punya pikiran dan perasaan yang berbeda, dan dengan demikian setiap orang bereaksi secara berbeda terhadap keadaan tertentu. Oleh sebab itu, dengan anggapan bahwa setiap orang menjalani kesulitan yang sama, setiap individu akan mempunyai tingkatan kekuatan yang berbeda untuk mengatasinya. Inilah sebabnya bila kita melihat seseorang menderita, jangan pernah kita menghakiminya dengan menggunakan standar toleransi kita akan penderitaan dan berpikir, "Mengapa ia membesar-besarkan hal sepele?" Tidak mudah untuk memahami hati orang lain sepenuhnya – sekalipun jika Anda benar-benar mengasihinya dan memiliki hubungan yang erat dengannya.

Lebih lanjut, ada begitu banyak kasus orang salah menilai dan salah memahami orang lain, menjadi kecewa kepada mereka, dan akhirnya menyalahkan mereka...semua karena mereka menilai orang lain berdasarkan standar mereka sendiri. Jika, kita menilai orang lain berdasarkan standar kita, menganggap ia punya maksud khusus walaupun sebenarnya tidak, dan kemudian menjelek-jelekkan dia, kita sedang memberikan saksi dusta terhadap dia. Dan jika kita ambil bagian dalam perbuatan ini dengan mendengarkan ketidakjujuran ini dan ikut ambil bagian menghakimi dan menuduh orang tertentu, maka sekali lagi, kita bersaksi dusta terhadap sesama kita.

Kebanyakan orang berpikir bahwa jika mereka bereaksi tidak baik pada situasi tertentu, maka orang lain yang menghadapi situasi yang sama akan bereaksi serupa. Karena hati mereka licik, mereka menganggap bahwa orang lain juga berhati licik. Jika mereka melihat sebuah situasi atau kejadian dan berpikir jahat, mereka berpikir, "Pasti orang itu berpikir jahat pula." Dan karena mereka sendiri memandang rendah orang lain, mereka merasa, "Orang itu memandang rendah saya. Dia sombong."

Itulah sebabnya dalam Yakobus 4:11, *"Saudara-saudaraku, janganlah kamu saling memfitnah! Barangsiapa memfitnah saudaranya atau menghakiminya, ia mencela hukum dan menghakiminya; dan jika engkau menghakimi hukum, maka engkau bukanlah penurut hukum, tetapi hakimnya."* Jika seseorang menghakimi atau memfitnah sesama saudaranya, ini artinya ia sombong, dan pada akhirnya ia ingin menjadi seperti Allah Sang Hakim.

Dan penting untuk diketahui bahwa jika kita membicarakan tentang kelemahan orang lain dan menghakiminya, kita sedang melakukan dosa yang yang jauh lebih jahat. Matius 7:1-5 berbunyi, *"Jangan kamu menghakimi, supaya kamu tidak dihakimi. Karena dengan penghakiman yang kamu pakai untuk menghakimi, kamu akan dihakimi dan ukuran yang kamu pakai untuk mengukur, akan diukurkan kepadamu. Mengapakah engkau melihat selumbar di mata saudaramu, sedangkan balok di dalam matamu tidak engkau ketahui? Bagaimanakah engkau dapat berkata kepada saudaramu: Biarlah aku mengeluarkan selumbar itu dari matamu, padahal ada balok di dalam matamu. Hai orang munafik, keluarkanlah dahulu balok dari matamu, maka engkau akan melihat dengan jelas untuk mengeluarkan selumbar itu dari mata saudaramu."*

Satu hal lagi yang kita harus sangat berhati-hati adalah tentang menghakimi Allah berdasarkan pemikiran kita sendiri. Apa yang tidak mungkin bagi manusia adalah mungkin bagi Allah, sehingga ketika berbicara tentang firman Allah, jangan pernah kita berkata, "Itu salah."

Berbohong Dengan Membesarkan atau Mengecilkan Kebenaran

Tanpa bermaksud jahat, orang cenderung membesar-besarkan atau mengecilkan kebenaran setiap hari. Sebagai contoh, jika seseorang makan banyak, kita mungkin berkata, "Dia makan segalanya." Dan bila masih ada sedikit makanan tersisa, kita mungkin berkata, "Tak sedikitpun tersisa!" Bahkan kadang-kadang ketika kita melihat hanya tiga atau empat orang sepakat mengenai sesuatu hal, kita berkata, "Semua orang setuju."

Seperti itu, yang dianggap banyak orang bukanlah kebohongan, sebenarnya merupakan kebohongan. Bahkan ada kasus-kasus dimana kita membicarakan sebuah situasi yang kita benar-benar tidak mengetahui semua faktanya, dan akibatnya, kita mengatakan kebohongan.

Sebagai contoh, katakanlah, seseorang bertanya kepada kita ada berapa banyak karyawan yang bekerja di perusahaan tertentu, dan kita menjawab, "Ada sebanyak ini," dan kemudian kita menghitung dan menyadari bahwa jumlahnya berbeda. Walaupun kita tidak secara sengaja berbohong, apa yang kita katakan tetap merupakan kebohongan, karena berbeda dari kebenaran. Jadi dalam kasus ini, cara yang lebih baik untuk menjawab pertanyaan itu adalah dengan, "Saya tidak tahu angka pastinya, tapi saya kira jumlahnya sekitar sekian."

Tentu saja dalam kasus semacam ini kita tidak secara sengaja berusaha berbohong dengan motif yang jahat, atau meghakimi orang lain dengan hati yang jahat. Tapi bagaimanapun juga, jika kita melihat adanya isyarat sekecil apapun akan pikiran dan perbuatan seperti ini, maka ada baiknya kita sampai ke dasar masalah. Orang hatinya dipenuhi oleh kebenaran tidak akan menambah atau mengurangi kebenaran, sekecil apapun masalahnya.

Orang yang sangat benar dan jujur dapat menerima kebenaran sebagai kebenaran, dan menyampaikan kebenaran sebagai kebenaran. Jadi sekalipun sesuatu sangat kecil dan tidak penting, jika kita membicarakannya dengan isyarat kesalahan sekecil apapun, maka ini menandakan bahwa hati kita belum sepenuhnya diisi oleh kebenaran. Dan jika hati kita tidak sepenuhnya diisi oleh kebenaran, ini artinya ketika diperhadapkan pada situasi yang mengancam nyawa, kita mampu sepenuhnya membahayakan orang lain dengan berbohong mengenai mereka.

Sebagaimana tertulis dalam 1 Petrus 4:11, *"Jika ada orang yang berbicara, baiklah ia berbicara sebagai orang yang menyampaikan firman Allah,"* kita harus berusaha untuk tidak berbohong dan bercanda menggunakan kata-kata yang tidak benar. Tak peduli apa pun yang kita katakan, kita harus selalu berbicara benar, seolah-olah kita sedang membicarakan perkataan Allah. Dan kita bisa melakukan ini dengan berdoa dengan tekun dan menerima tuntunan Roh Kudus.

Bab 11
Perintah Kesepuluh

"Jangan Mengingini Rumah Sesamamu"

Keluaran 20:17

"Jangan mengingini rumah sesamamu; jangan mengingini isterinya, atau hambanya laki-laki, atau hambanya perempuan, atau lembunya atau keledainya, atau apapun yang dipunyai sesamamu."

Apakah Anda tahu cerita tentang angsa yang bertelur emas, salah satu cerita terkenal Aesop? Dahulu kala, di sebuah desa kecil hiduplah seorang petani yang memiliki seekor angsa yang aneh. Saat memikirkan apa yang akan dilakukan terhadap angsa itu, sebuah hal mengejutkan terjadi.

Angsa itu mulai menelurkan sebuah telur emas setiap pagi. Dan kemudian suatu hari, si petani berpikir, "Mungkin ada banyak sekali telur emas di dalam angsa itu." Dan tiba-tiba, si petani menjadi egois dan ingin memiliki banyak emas agar ia kaya mendadak, tanpa harus menunggu setiap harinya menerima sebuah telur emas.

Dan saat ketamakan menjadi terlalu besar, si petani memotong angsa itu, dan menemukan bahwa tak sedikit emaspun ada di dalamnya. Dan pada saat itu, si petani menyadari bahwa ia salah dan menyesali tindakannya, namun sudah terlambat.

Seperti itulah, ketamakan seseorang tidak ada batasnya. Tak peduli seberapa banyak air sungai mengalir ke samudera, samudera tidak bisa terisi penuh. Seperti itulah ketamakan manusia. Kita melihatnya setiap hari. Ketika ketamakan sesseorang menjadi sedemikian besar, ia tidak sekedar merasa tidak puas akan apa yang ia miliki, namun ia juga menjadi tamak dan berusaha memiliki kepunyaan orang lain, sekalipun harus menggunakan cara yang salah. Kemudian ia melakukan dosa.

"Jangan Mengingini Rumah Sesamamu"

Tamak berarti menginginkan sesuatu yang bukan miliknya sendiri dan kemudian berusaha memiliki hak milik orang lain dengan cara yang tidak pantas; atau memiliki hati yang menginginkan semua hal-hal duniawi.

Sebagian besar kejahatan dimulai dengan hati yang tamak. Ketamakan membuat orang berbohong, mencuri, merampok, curang, menggelapkan, membunuh, dan melakukan segala macam tindakan kriminal. Ada juga kasus-kasus dimana orang tidak hanya tamak akan benda-benda materil, namun juga posisi dan ketenaran.

Karena hati yang tamak ini, kadangkala hubungan saudara kandung, hubungan orangtua-anak, bahkan suami-istri menjadi sengit. Sebagian keluarga menjadi musuh, dan bukannya hidup bahagia dalam kebenaran, orang jadi cemburu dan iri hati kepada orang yang lebih kaya darinya.

Inilah sebabnya melalui Sepuluh Perintah, Allah memperingatkan kita melawan ketamakan, yang melahirkan dosa. Lebih lanjut, Allah ingin kita memikirkan hal-hal yang di atas (Kolose 3:2) Hanya bila kita mencari kehidupan kekal dan memenuhi hati kita dengan pengharapan surgawi kita bisa mendapatkan kepuasan dan kebahagiaan sejati. Hanya dengan begitu kita bisa membuang ketamakan. Lukas 12:15

berkata, *"Kata-Nya lagi kepada mereka: Berjaga-jagalah dan waspadalah terhadap segala ketamakan, sebab walaupun seorang berlimpah-limpah hartanya, hidupnya tidaklah tergantung dari pada kekayaannya itu."* Seperti yang dikatakan Yesus, hanya jika kita membuang segala ketamakan kita bisa menjauh dari perbuatan dosa dan dengan demikian memiliki kehidupan kekal.

Proses Ketamakan Muncul Dalam Bentuk Dosa

Jadi bagaimana ketamakan berubah menjadi perbuatan dosa? Katakanlah Anda mengunjungi sebuah rumah yang sangat mewah. Rumah itu terbuah dari marmer dan besar sekali. Rumah itu juga dipenuhi oleh berbagai macam benda yang mewah. Cukup untuk membuat orang berkata, "Rumah ini luar biasa. Benar-benar indah!"

Tapi banyak orang tidak hanya berhenti setelah membuat komentar semacam itu. Mereka lanjut berpikir, "Seandainya saya punya rumah seperti itu. Seandainya saya sekaya orang itu." Tentu saja orang percaya sejati tidak akan membiarkan pemikiran itu berkembang menjadi pikiran untuk mencuri. Tapi melalui pikiran, "Seandainya saya juga memiliki itu," ketamakan bisa memasuki hati mereka.

Dan jika ketamakan memasuki hati, tinggal masalah waktu saja hingga seseorang berbuat dosa. Disebutkan dalam Yakobus

1:15, *"Dan apabila keinginan itu telah dibuahi, ia melahirkan dosa; dan apabila dosa itu sudah matang, ia melahirkan maut."* Ada sebagian orang percaya yang, dikuasai oleh hasrat atau ketamakan, pada akhirnya melakukan perbuatan kriminal.

Dalam Yosua pasal 7, kita membaca tentang Akhan, yang dikuasai oleh ketamakan semacam itu dan binasa sebagai hukumannya. Yosua, pemimpin yang menggantikan Musa, sedang dalam proses menaklukkan Tanah Kanaan. Bangsa Israel baru saja menguasai Yerikho. Yosua memperingatkan umatnya bahwa apa saja yang diperoleh dari Yerikho dipersembahkan bagi Allah, tidak boleh ada seorangpun yang mengambilnya.

Tapi, setelah melihat sebuah jubah yang mahal dan sejumlah emas dan perak, Akhan mengambil dan menyembunyikannya untuk dirinya sendiri. Karena Yosua tidak mengetahui hal ini, ia terus menuju kota selanjutnya untuk ditaklukkan, yaitu kota Ai. Karena Ai merupakan kota kecil, bangsa Israel menganggapnya sebagai pertempuran yang mudah. Tapi mereka menjadi bingung sebab ternyata mereka kalah. Lalu Allah memberitahu Yosua bahwa itu disebabkan oleh dosa Akhan. Sebagai akibatnya, tidak hanya Akhan, tapi juga seluruh kaum keluarganya – bahkan ternaknya – harus mati.

Dalam 2 Raja-Raja, pasal lima, kita bisa membaca tentang Gehazi, abdi Elisa, yang terkena kusta karena ia menginginkan apa yang seharusnya tidak ia miliki. Seperti diberitahukan Elisa kepadanya, Naaman mandi tujuh kali di sungai Yordan agar sembuh dari penyakit kusta. Setelah disembuhkan, ia ingin memberikan hadiah-hadiah kepada Elisa sebagai tanda terima kasih. Tapi Elisa menolak menerima apa pun.

Kemudian, saat Panglima Naaman dalam perjalanan pulang kembali ke rumahnya, Gehazi mengejarnya, bertindak seakan-akan Elisa mengirimnya, dan meminta beberapa barang. Ia mengambil barang itu dan menyembunyikannya. Dan lebih dari itu, ia kembali kepada Elisa dan berusaha menipu Elisa, sekalipun sejak awal Elisa tahu apa yang dilakukannnya. Dan demikianlah Gehazi menderita kusta yang tadinya diderita Naaman.

Kasusnya sama seperti Ananias dan Safira dalam Kisah Para Rasul, pasal lima. Mereka menjual sebidang tanah mereka dan berjanji untuk mempersembahkan kepada Allah uang hasil penjualannya. Tapi saat uang sudah di tangan mereka, hati mereka berubah, dan mereka menyembunyikan sebagian uang itu bagi mereka sendiri dan membawa sisanya kepada para rasul. Menginginkan uang itu, mereka berusaha menipu para rasul. Tapi menipu para rasul sama seperti menipu Roh Kudus, sehingga dalam sekejap, roh mereka meninggalkan mereka, dan mereka berdua mati di tempat.

Hati yang Tamak Memimpin Pada Kematian

Hati yang tamak adalah dosa besar yang pada akhirnya memimpin pada kematian. Karena itu penting sekali agar kita membuang ketamakan dari hati kita, juga godaan dan ketamakan yang membuat kita menginginkan hal-hal duniawi. Apa gunanya jika Anda memperoleh segala yang Anda inginkan di dunia tapi kehilangan nyawa Anda?

Sebaliknya, walaupun Anda tiadk memiliki semua kekayaan di dunia ini, jika Anda percaya kepada Tuhan dan memiliki kehidupan sejati, maka Anda sungguh orang yang kaya. Seperti yang kita pelajari dari perumpamaan orang kaya dan Lazarus si pengemis dalam Lukas pasal 16, berkat sejati adalah menerima keselamatan setelah membuang hati yang tamak.

Orang kaya yang tidak percaya Allah dan tidak punya pengharapan surga menjalani hidup enak – mengenakan pakaian indah, memuaskan nafsu duniawi, dan menikmati pesta pora. Di sisi lain, si pengemis Lazarus terbaring mengemis di pintu gerbang orang kaya itu. Hidupnya sangat miskin; bahkan anjing-anjing datang untuk menjilati borok di tubuhnya. Namun, jauh di dalam hatinya, Ia memuji Allah dan selalu memiliki pengharapan akan surga.

Akhirnya, keduanya mati. Lazarus si pengemis dibawa malaikat ke sisi Abraham, namun si orang kaya masuk ke dalam Dunia Orang Mati, dimana ia disiksa. Karena ia sangat haus akibat siksaan dan api, ia meminta setetes air, tapi keinginannya itu tidak bisa dipenuhi.

Seandainya orang kaya itu mendapatkan kesempatan kedua di dunia ini? Mungkin ia akan memilih untuk menerima kehidupan kekal di surga, sekalipun itu berarti hidup miskin di dunia. Dan bagi orang yang hidup sangat susah, seperti Lazarus, jika ia belajar takut akan Allah dan hidup dalam terang-Nya, ia juga bisa menerima berkat-berkat kekayaan materi saat hidup di dunia ini.

Setelah istrinya Sarai mati, Abraham, bapa orang beriman, ingin membeli kuburan Makhpela untuk menguburkan istrinya disana. Pemilik kuburan itu mengatakan kepadanya agar memperoleh kuburan itu dengan gratis, namun Abraham menolak mendapatkannya dengan gratis, dan membayar penuh harganya. Ia melakukannya karena ia tidak memiliki sedikitpun ketamakan di hatinya. Jika itu bukan miliknya, ia tidak akan berpikir untuk memilikinya (Kejadian 23:9-19).

Lebih jauh lagi, Abraham mengasihi Allah dan menaati firman-Nya; hidup jujur dan berintegritas. Inilah sebabnya semasa hidupnya di dunia, Abraham menerima tidak hanya berkat kekayaan materi, tapi juga berkat umur panjang, kemasyhuran, kekuasaan, keturunan, dan banyak lagi. Ia bahkan menerima berkat rohani disebut sebagai 'sahabat Allah'.

Berkat Rohani Melebihi Semua Berkat Materi

Kadangkala dengan penasaran orang bertanya, "Orang itu sepertinya orang percaya yang baik. Mengapa kelihatannya ia tidak menerima banyak berkat?" Jika orang tersebut adalah pengikut Kristus sejati yang hidup oleh iman sejati hari demi hari, kita akan melihat Allah memberkatinya dengan hal-hal terbaik.

Sebagaimana tertulis dalam 3 Yohanes 1:2, *"Saudaraku yang kekasih, aku berdoa, semoga engkau baik-baik dan sehat-sehat saja dalam segala sesuatu, sama seperti jiwamu baik-baik saja,"* Allah memberkati kita agar jiwa kita sejahtera. Jika kita hidup sebagai anak-anak Allah yang kudus, membuang segala kejahatan di hati kita da menaati perintah-Nya, Allah pasti akan memberkati kita sehingga semuanya baik bagi kita, termasuk kesehatan kita.

Tapi jika seseorang – yang jiwanya tidak sejahtera – kelihatannya menerima banyak berkat materi, kita tidak bisa berkata itu adalah berkat dari Allah. Dalam kasus itu, kekayaannya sebenarnya bisa membuat ia bertambah rakus. Ketamakannya bisa melahirkan dosa, dan pada gilirannya, akhirnya bisa menjauh dari Allah.

Saat situasi sulit, orang mungkin bergantung kepada Allah dengan hati yang bersih dan melayani-Nya dengan tekun dan penuh kasih. Tapi seringkali, setelah menerima berkat materi dalam bisnis atau di tempat kerja, hati mereka mulai mengingini lebih banyak lagi hal-hal duniawi dan mereka mulai membuat alasan-alasan seperti terlalu sibuk, dan akhirnya menjauh dari Allah. Ketika untung dan pendapatan mereka rendah, mereka cenderung memberikan persepuluhan dengan segenap hati penuh ucapan syukur, tapi saat pendapatan mereka mengingkat, dan persepuluhan mereka juga meningkat, maka mudah sekali mereka goyah. Jika hati kita berubah seperti ini, dan kita semakin jauh dari firman Allah, dan akhirnya menjadi sama dengan orang dunia sekuler, maka berkat yang sebenarnya bisa kita terima akan menjadi kemalangan.

Tapi bagaimanapun juga, orang yang jiwanya sejahtera tidak akan menginginkan hal-hal duniawi, dan sekalipun mereka menerima rasa hormat dan keuntungan dari Allah, mereka tidak akan menginginkan lebih banyak lagi. Dan mereka tidak akan berkeluh kesah atau mengeluh hanya karena mereka tidak memiliki benda-benda duniawi yang bagus; karena mereka tidak akan segan mempersembahkan semua yang mereka miliki – bahkan hidup mereka – bagi Allah.

Orang yang jiwanya sejahtera, akan menjaga iman mereka dan melayani Allah tak peduli apapun keadaannya, menggunakan berkat-berkat yang mereka terima dari Allah hanya untuk kerajaan dan kemulian-Nya. Dan karena orang yang jiwanya sejahtera tidak memiliki kecenderungan untk mengejar kenikmatan dunia, atau berkeliling mencari kesenangan, atau berjalan menuju kematian, Allah akan memberkati mereka dengan melimpah, dan bahkan lebih bagi.

Inilah sebabnya berkat rohani adalah jauh lebih penting dari berkat jasmani yang akan pudar seperti kabut di dunia ini. Dan dengan demikian, di atas segalanya, kita harus terlebih dahulu menerima berkat rohani.

Kita Jangan Pernah Mencari Berkat Allah untuk Memuaskan Hasrat Duniawi

Sekalipun kita belum menerima berkat rohani jiwa kita sejahtera, jika kita terus berjalan di jalan kebenaran dan mencari Allah dengan iman, Ia akan memenuhi hidup kita pada saat yang tepat. Manusia berdoa agar sesuatu terjadi secepatnya; tapi ada waktu dan masa bagi segala sesuatu di bawah langit, dan Allah tahu waktu yang terbaik. Kadangkala Allah membuat kita menunggu agar Ia bisa memberi kita berkat yang lebih besar.

Jika kita meminta kepada Allah dengan iman yang benar, maka kita akan menerima kekuatan untuk terus berdoa hingga kita menerima jawaban. Tapi jika kita meminta kepada Allah berdasarkan nafsu duniawi, maka tak peduli sebanyak apa kita berdoa, kita tidak akan menerima iman untuk sungguh-sungguh percaya, dan kita tidak akan menerima jawaban dari-Nya.

Yakobus 4:2-3 berkata, *"Kamu mengingini sesuatu, tetapi kamu tidak memperolehnya, lalu kamu membunuh; kamu iri hati, tetapi kamu tidak mencapai tujuanmu, lalu kamu bertengkar dan kamu berkelahi. Kamu tidak memperoleh apa-apa, karena kamu tidak berdoa. Atau kamu berdoa juga, tetapi kamu tidak menerima apa-apa, karena kamu salah berdoa, sebab yang kamu minta itu hendak kamu habiskan untuk memuaskan hawa nafsumu."* Allah tidak bisa menjawab kita bila kita meminta sesuatu untuk memuaskan nafsu duniawi kita. Jika seorang pelajar muda meminta uang dari orangtuanya untuk membeli sesuatu yang tidak seharusnya ia beli, maka orangtuanya tidak seharusnya memberikannya uang itu.

Itulah sebabnya kita seharusnya berdoa dan mencari dengan pemikiran kita sendiri, melainkan, dengan kekuatan Roh Kudus, kita harus mencari hal-hal yang sesuai dengan kehendak Allah (Yudas 1:20). Roh Kudus mengenal hati Allah, dan Ia mengerti rahasia Allah; karena itu, jika Anda bergantung pada tuntunan Roh Kudus saat berdoa, Anda bisa dengan segera menerima jawaban Allah atas setiap doa Anda.

Jadi bagaimana kita bergantung pada tuntunan Roh Kudus dan berdoa sesuai dengan kehendak Allah?

Pertama, kita harus mempersenjatai diri kita dengan firman Allah, dan menerapkan firman-Nya dalam kehidupan kita sehari-hari, sehingga hati kita bisa menjadi seperti hati Yesus Kristus. Jika kita memiliki hati seperti hati Yesus Kristus, maka secara alami kita akan berdoa sesuai dengan kehendak Allah, dan kita bisa dengan segera menerima jawaban atas semua doa kita. Ini karena Roh Kudus, yang mengenal hati Allah, akan menjaga hati kita sehingga kita meminta hal-hal yang benar-benar kita butuhkan.

Seperti Matius 6:33, *"Tetapi carilah dahulu Kerajaan Allah dan kebenarannya, maka semuanya itu akan ditambahkan kepadamu."* Cari dahulu Allah dan kerajaan-Nya, dan kemudian mintalah apa yang Anda butuhkan. Jika Anda berdoa mencari kehendak Allah dahulu, Anda akan mengalami Allah mencurahkan berkat-Nya atas hidup Anda sehingga piala Anda penuh melimpah dengan segala yang Anda butuhkan di bumi, bahkan lebih lagi.

Inilah sebabnya kita harus terus menaikkan doa yang benar dan sepenuh hati kepada Allah. Ketika Anda menimbun doa yang penuh kuasa dengan tuntunan Roh Kudus setiap hari, segala ketamakan atau tabiat dosa akan dibuang dari hati Anda selamanya, dan Anda akan menerima apa pun yang Anda minta dalam doa.

Rasul Paulus adalah warga negara Roma dan murid Gamaliel, sarjana terbaik dan paling ternama di masanya. Namun, Paulus tidak berminat akan hal-hal duniawi. Demi Kristus, ia menganggap semua yang ia miliki sebagai sampah. Seperti Paulus, hal yang pasti paling kita perlu cintai dan inginkan adalah pengajaran Yesus Kristus, atau firman kebenaran.

Jika kita meraih semua kekayaan dunia, kehormatan, dan kekuasaan, dan lain sebagainya, dan kita tidak memiliki kehidupan kekal, apa artinya semua itu? Tapi jika, seperti Rasul Paulus, kita mengabaikan semua kekayaan dunia ini dan hidup menurut kehendak Allah, maka Allah pasti akan memberkati kita sehingga jiwa kita sejahtera. Dan kemudian kita akan disebut "baik sekali" di surga, dan menjadi berhasil dalam semua area kehidupan kita di bumi ini juga.

Jadi, saya berdoa agar Anda membuang setiap kerakusan atau ketamakan dari hati dan hidup Anda, sambil dengan tekun mencari kepuasan dari apa yang telah Anda miliki, selagi Anda memelihara harapan akan surga. Maka saya tahu Anda akan selalu menjalani hidup yang melimpah dengan ucapan syukur dan sukacita.

Bab 12

Hukum untuk Tinggal Dengan Allah

Amsal 8:17

"Aku mengasihi orang yang mengasihi aku, dan orang yang tekun mencari aku akan mendapatkan daku."

Dalam Matius pasal 22, ada kisah dimana seorang Farisi bertanya kepada Yesus hukum mana yang terbesar?

Yesus menjawab, *"Kasihilah Tuhan, Allahmu, dengan segenap hatimu dan dengan segenap jiwamu dan dengan segenap akal budimu. Itulah hukum yang terutama dan yang pertama. Dan hukum yang kedua, yang sama dengan itu, ialah: Kasihilah sesamamu manusia seperti dirimu sendiri. Pada kedua hukum inilah tergantung seluruh hukum Taurat dan kitab para nabi"* (Matius 22:37-40).

Ini artinya jika kita mengasihi Allah dengan segenap hati kita dan dengan segenap jiwa kita dan dengan segenap akal budi kita dan kita mengasihi sesama kita seperti diri kita sendiri, maka kita bisa dengan mudah menaati semua perintah yang lain pula.

Jika kita sungguh-sungguh mengasihi Allah, bagaimana bisa kita melakukan dosa yang dibenci Allah? Dan jika kita mengasihi sesama kita seperti diri kita sendiri, bagaimana bisa kita berbuat jahat kepada mereka?

Mengapa Allah Memberi Kita Perintah-Nya

Jadi, mengapa Allah repot-repot memberi kita setiap perintah dalam Sepuluh Peintah Allah, bukannya sekedar mengatakan kepada kita, "Kasihilah Allahmu dan kasihilah sesamamu seperti dirimu sendiri"?

Ini karena pada zaman Perjanjian Lama, sebelum masa Roh Kudus, sulit bagi manusia untuk sungguh-sungguh mengasihi dari hati mereka menurut kehendak mereka sendiri. Jadi melalui Sepuluh Perintah, yang cukup memberi paksaan untuk menaati-Nya, Allah memimpin mereka untuk mengasihi dan takut akan Dia, dan juga mengasihi sesamanya melalui tindakan mereka.

Sejauh ini, kita telah meninjau masing-masing perintah itu, namun sekarang mari kita meninjau perintah dalam dua kelompok besar: kasih kepada Allah, dan kasih kepada sesama.

Perintah satu sampai empat bisa disimpulkan sebagai, "Kasihilah Tuhan, Allahmu, dengan segenap hatimu dan dengan segenap jiwamu dan dengan segenap akal budimu." Melayani hanya Allah Pencipta, tidak membuat allah lain atau menyembahnya, berhati-hati untuk tidak menyalahgunakan nama Allah, dan menguduskan hari Sabat merupakan cara-cara mengasihi Allah.

Perintah lima sampai sepuluh dapat disimpulkan sebagai "Kasihilah sesamamu seperti dirimu sendiri." Menghormati orangtua, peringatan jangan membunuh, mencuri, bersaksi dusta, tamak, dan lain sebagainya merupakan cara-cara mencegah perbuatan jahat terhadap orang lain, atau sesama kita. Jika kita mengasihi sesama kita seperti diri kita sendiri, kita tidak ingin mereka mengalami derita, jadi kita harus menaati perintah-perintah ini.

Kita Harus Mengasihi Allah dari Pusat Hati Kita

Allah tidak memaksa kita untuk menaati perintah-Nya. Ia memimpin kita untuk menaatinya atas dasar kasih kita kepada-Nya.

Tertulis dalam Roma 5:8, *"Akan tetapi Allah menunjukkan kasih-Nya kepada kita, oleh karena Kristus telah mati untuk kita, ketika kita masih berdosa."* Allah menunjukkan kasih-Nya yang besar kepada kita, terlebih dahulu.

Sulit menemukan seseorang yang rela mati bagi kebenaran, atau orang yang benar, atau bahkan teman dekat, namun Allah mengirimkan anak satu-satu-Nya Yesus Kristus untuk mati menggantikan para pendosa untuk membebaskan mereka dari kutuk yang menimpa mereka menurut Hukum Allah. Jadi Allah menunjukkan sebuah kasih yang melebihi keadilan.

Dan seperti tertulis dalam 5:5, *"Dan pengharapan tidak mengecewakan, karena kasih Allah telah dicurahkan di dalam hati kita oleh Roh Kudus yang telah dikaruniakan kepada kita,"* Allah memberi Roh Kudus sebagai hadiah bagi semua anak-anak-Nya yang menerima Yesus Kristus, sehingga mereka bisa sepenuhnya memahami kasih Allah.

Inilah sebabnya orang-orang yang diselamatkan oleh iman dan dibaptis air dan Roh Kudus bisa mengasihi Allah tidak hanya dengan akal budi, tapi sungguh-sungguh dari pusat hatinya, memampukan mereka untuk menaati perintah-Nya atas dasar kasih kepada-Nya.

Kehendak Allah Mula-Mula

Pada mulanya, Allah menciptakan manusia karena Ia rindu memiliki anak-anak sejati yang bisa dikasihinya, dan yang bisa mengasihi-Nya juga, atas dasar kehendak bebas mereka. Tapi jika seseorang menaati semua perintah Allah namun tidak mengasihi Allah, bagaimana kita bisa berkata bahwa ia adalah anak Allah yang sejati?

Orang upahan yang bekerja demi gaji tidak bisa mewarisi bisnis pemilik usaha, namun anak pemilik usaha, yang benar-benar berbeda dari orang upahan, bisa mewarisi bisnis itu. Demikianlah, orang-orang yang menaati semua perintah Allah bisa menerima berkat yang dijanjikan, namun jika mereka tidak mengerti kasih Allah, mereka bukanlah anak-anak Allah yang sejati.

Karena itu orang yang mengerti kasih Allah dan menaati perintah-Nya mewarisi surga dan bisa hidup di bagian terindah di surga sebagai anak Allah yang sejati. Dan tinggal di sisi Bapa, ia bisa hidup dalam kemuliaan secerah matahari, untuk selamanya.

Allah ingin semua manusia menerima keselamatan melalui darah Yesus Kristus dan manusia yang mengasihinya dari pusat hati mereka untuk hidup bersama-Nya di Yerusalem Baru, dimana tahta-Nya berada, dan hidup dalam kasih-Nya untuk selamanya. Inilah sebabnya Yesus berkata dalam Matius 5:17, *"Janganlah kamu menyangka, bahwa Aku datang untuk meniadakan hukum Taurat atau kitab para nabi. Aku datang bukan untuk meniadakannya, melainkan untuk menggenapinya."*

Bukti Seberapa Besar Kita Mengasihi Allah

Begini, hanya setelah memahami alasan sesungguhnya mengapa Allah memberi kita perintah-Nya barulah kita bisa memenuhi Hukum tersebut, melalui kasih yang kita miliki untuk Allah. Karena kita memiliki perintah, atau hukum itu, kita bisa secara jasmani menunjukkan 'kasih,' yang merupakan konsep abstrak yang sulit dilihat dengan mata jasmani.

Jika sebagian orang berkata, "Allah, saya mengasihimu dengan segenap hatiku, jadi tolong berkati saya." Bagaimana mungkin Allah atas keadilan membenarkan pernyataan mereka, jika tidak ada standar untuk memeriksanya, sebelum memberkati mereka? Karena kita memiliki standar, Sepuluh Perintah atau Hukum, kita bisa melihat apakah mereka sungguh mengasihi Allah dengan segenap hati mereka. Jika mereka berkata dengan mulut mereka bahwa mereka mengasihi Allah, namun tidak menguduskan hari Sabat sebagaimana perintah Allah, maka kita bisa lihat bahwa mereka tidak sungguh-sungguh mengasihi Allah.

Jadi perintah Allah merupakan sebuah standar yang bisa kita ukur, atau lihat sebagai bukti, seberapa besar kita mengasihi Allah.

Itulah sebabnya tertulis dalam 1 Yohanes 5:3, *"Sebab inilah kasih kepada Allah, yaitu, bahwa kita menuruti perintah-perintah-Nya. Perintah-perintah-Nya itu tidak berat."*

Aku Mengasihi Orang yang Mengasihi-Ku

Berkat yang kita terima dari Allah sebagai akibat menaati perintah-Nya merupakan berkat yang tidak bisa hilang atau pudar.

Sebagai contoh, apa yang terjadi kepada Daniel, yang menyenangkan Allah karena ia memiliki iman yang sejati dan tidak pernah kompromi dengan dunia?

Daniel berasal dari suku Yehuda, dan merupakan keturunan keluarga raja-raja. Tapi saat Yehuda Selatan berdosa terhadap Allah, Raja Nebukadnezar dari Babel melakukan serangan pertama ke Yudea pada tahun 605 S.M. Pada masa itu, Daniel, yang masih sangat muda, dibawa sebagai tawanan ke Babel.

Sesuai dengan kebijakan akulturasi, Daniel dan beberapa anak muda lain yang juga dibawa sebagai tawanan, dipilih untuk untuk hidup di istana Nebukadnezar dan menerima pendidikan bangsa Kaldea selama tiga tahun.

Selama masa itu, Daniel meminta agar tidak diberi makan makanan dan minuman sehari-hari raja, karena takut mencemari dirinya dengan makanan yang dilarang oleh Allah untuk dimakan. Sebagai tawanan, ia tidak punya hak untuk menolak makanan yang diperuntukkan baginya oleh raja, namun Daniel ingin melakukan apapun yang bisa ia lakukan untuk menjaga agar imannya murni di hadapan Allah.

Dan melihat ketulusan hati Daniel, Allah mengerakkan hati petugas juru makan agar Daniel tidak harus makan atau minum makanan dan anggur raja.

Dan seiring waktu, Daniel, yang sepenuhnya menaati perintah Allah, naik ke posisi perdana menteri bangsa yang tidak mengenal Allah, Babel. Karena Daniel memiliki iman yang tidak tergoyahkan yang menjaga dia agar tidak kompromi dengan dunia, Allah berkenan kepadanya. Jadi sekalipun bangsa-bangsa berubah, dan raja-raja berubah, Daniel tetap unggul di semua jalannya, dan ia terus menerima kasih Allah.

Orang yang Mencari-Ku Akan Menemukan Daku

Kita masih tetap bisa melihat berkat semacam ini sekarang. Bagi orang yang memiliki iman seperti Daniel yang tidak berkompromi dengan dunia ini dan menaati Perintah Allah dengan sukacita, kita bisa melihat Allah memberikatinya dengan berkat yang melimpah.

Sekitar sepuluh tahun lalu, salah seorang penatua kami bekerja pada sebuah perusahaan keuangan ternama. Untuk memikat para pelanggan, perusahaan mengadakan pertemuan rutin dengan klien mereka, dan pertemuan golf di akhir pekan merupakan keharusan. Pada waktu itu, penatua kami masih merupakan seorang diaken, dan setelah menjadi penatua serta mulai benar-benar mengerti kasih Allah, meskipun ada perbuatan-perbuatan duniawi yang dilakukan perusahaan, ia tidak pernah minum dengan klien dan tidak pernah lupa menyembah Allah di hari Minggu.

Suatu hari, CEO perusahaan berkata kepadanya, "Pilihlah antara perusahaan ini atau gerejamu." Karena ia orang yang berkarakter teguh, ia bahkan tidak berpikir dua kali untuk menjawab, "Perusahaan ini penting bagi saya, namun jika Anda meminta saya untuk memilih antara perusahaan ini dan gereja saya, saya akan memilih gereja saya."

Ajaibnya, Allah menggerakkan hati sang CEO, dan ia sangat

mempercayai penatua itu, dan akhirnya penatua itu menerima promosi. Itu belum semuanya. Tak lama sesudah itu, setelah melalui serangkaian promosi, penatua itu naik ke posisi CEO perusahaan itu!

Jadi ketika kita mengasihi Allah dan berusaha menaati perintah-Nya, Allah membangkitkan kita untuk unggul dalam apapun yang kita lakukan, dan Ia memberkati kita dalam semua area kehidupan kita.

Tidak seperti hukum yang dibuat oleh masyarakat, janji Allah tidak pernah berubah seiring waktu. Tak peduli periode waktu yang kita hidupi, dan tak peduli siapa kita, jika kita hanya taat dan hidup menurut firman Allah, kita bisa menerima berkat yang dijanjikan Allah.

Hukum untuk Tinggal Dengan Allah

Karena itu Sepuluh Perintah, atau Hukum yang diberikan Allah kepada Musa, mengajar kita standar agar kita bisa menerima kasih dan berkat Allah.

Dan seperti tertulis dalam Amsal 8:17, *"Aku mengasihi orang yang mengasihi aku, dan orang yang tekun mencari aku akan mendapatkan daku,"* Seberapa besar kita mengasihi hukum Allah, sebesar itulah kita bisa menerima kasih dan berkat Allah.

Allah berkata dalam Yohanes 14:21, *"Barangsiapa memegang perintah-Ku dan melakukannya, dialah yang mengasihi Aku. Dan barangsiapa mengasihi Aku, ia akan dikasihi oleh Bapa-Ku dan Akupun akan mengasihi dia dan akan menyatakan diri-Ku kepadanya."*

Apakah hukum Allah tampak berat dan penuh paksaan? Tapi jika kita sungguh-sungguh mengasihi Allah dari pusat hati kita, kita bisa menaatinya. Dan jika kita menyebut diri kita anak Allah, kita sewajarnya menaatinya.

Inilah cara untuk menerima kasih Allah, cara untuk bersama Allah, untuk bertemu dengan Allah, dan untuk menerima jawaban-Nya atas doa kita. Yang terpenting, Hukum-Nya menjauhkan kita dari dosa dan bergerak menuju keselamatan, jadi betapa Hukum-Nya adalah berkat luar biasa.

Para bapa iman kita seperti Abraham, Daniel, dan Yusuf, karena mereka sangat patuh pada Hukum-Nya, menerima berkat ditinggikan di antara bangsa-bangsa. Mereka menerima berkat pada waktu masuk dan berkat pada waktu keluar. Tidak saja mereka menikmati berkat semacam itu di semua area kehidupan mereka, tapi di surga pun, mereka menerima berkat memasuki kemuliaan seterang matahari.

Saya berdoa dalam nama Tuhan kita agar Anda terus mencondongkan telinga Anda pada firman Allah dan bersukacita dalam Hukum Allah dan merenungkannya siang dan malam, dan menaatinya sepenuhnya.

> *"Lihatlah, betapa aku mencintai titah-titah-Mu!*
> *Ya TUHAN, hidupkanlah aku*
> *sesuai dengan kasih setia-Mu.*
> *Besarlah ketenteraman pada orang-orang*
> *yang mencintai Taurat-Mu,*
> *tidak ada batu sandungan bagi mereka.*
> *Aku menantikan keselamatan dari pada-Mu, ya TUHAN,*
> *dan aku melakukan perintah-perintah-Mu.*
> *Biarlah lidahku menyanyikan janji-Mu,*
> *Sebab segala perintah-Mu benar"*
> (Mazmur 119:159, 165, 166, 172).

Penulis:
Dr. Jaerock Lee

Dr. Jaerock Lee dilahirkan di Muan, Propinsi Jeonnam, Republik Korea, pada tahun 1943. Pada umur dua puluhan, Dr. Lee menderita berbagai penyakit yang tidak tersembuhkan selama tujuh tahun dan menunggu kematian tanpa ada harapan untuk pulih. Namun, pada suatu hari di musim semi tahun 1974, ia dibawa ke gereja oleh saudara perempuannya dan saat ia berlutut untuk berdoa, Allah yang Hidup menyembuhkannya dari semua penyakit.

Mulai saat Dr. Lee bertemu dengan Allah yang hidup melalui pengalaman yang menakjubkan itu, ia telah mengasihi Allah dengan segenap hati dan keikhlasan, dan pada tahun 1978 ia dipanggil untuk menjadi pelayan Allah. Ia berdoa dengan sangat tekun sehingga ia dapat memahami kehendak Allah dan melakukan sepenuhnya, dan menaati semua firman Allah. Pada tahun 1982, ia mendirikan Gereja Pusat Manmin di Seoul, Korea, dan tidak terhitung banyaknya pekerjaan Allah, termasuk penyembuhan mukjizat dan keajaiban, telah terjadi di gerejanya.

Pada tahun 1986, Dr. Lee ditahbiskan sebagai pendeta pada Pertemuan Tahunan dari Gereja Sungkyul Yesus di Korea, dan empat tahun kemudian yaitu pada tahun 1990, khotbahnya mulai disiarkan ke Australia, Rusia, Filipina, dan banyak negara lain melalui *Far East Broadcasting Company, Asia Broadcast Station,* dan *Washington Christian Radio System.*

Tiga tahun kemudian yaitu pada tahun 1993, Gereja Pusat Manmin dipilih sebagai satu dari "50 Gereja Terkemuka Dunia" oleh majalah *Christian World* (AS) dan ia menerima Doktor Kehormatan Teologia dari *Christian Faith College,* Florida, AS, dan pada tahun 1996 sebuah gelar Ph.D dalam Pelayanan dari *Kingsway Theological Seminary,* Iowa, AS.

Sejak tahun 1993, Dr. Lee telah memimpin misi dunia melalui banyak Kebaktian Penginjilan luar negeri di Tanzania, L.A., Baltimore City, Hawaii, New York City di A.S., Uganda, Jepang, Pakistan, Kenya, Filipina, Honduras, India, Rusia, Jerman, Peru, Republik Demokrasi Kongo, Israel, dan Estonia.

Pada tahun 2002, ia disebut "pendeta kebangkitan rohani seluruh dunia" oleh koran-koran Kristen utama di Korea. Khususnya untuk pekerjaannya dalam 'Kebaktian Penginjilan Akbar New York 2002' yang diadakan di Madison Square Garden, arena paling terkenal di dunia. Acara ini disiarkan ke 220 negara, dan pada "Kebaktian Penginjilan Israel Bersatu 2009' yang diadakannya, bertempat di International Convention Center (ICC) di Yerusalem, ia dengan berani mengumumkan Yesus Kristus adalah Mesias dan Juruselamat.

Khotbah-khotbahnya disiarkan ke 176 negara melalui satelit termasuk TV GCN dan ia terdaftar sebagai salah satu dari '10 Pemimpin Kristen Paling Berpengaruh yang Terkemuka' pada tahun 2009 dan 2010 oleh majalah Kristen Rusia terkenal *In Victory* dan kantor berita *Christian Telegraph* untuk pelayanan siaran TV-nya dan pelayanan gereja luar negerinya.

Pada bulan Maret 2016, Gereja Manmin Pusat memiliki kongregasi dengan jumlah jemaat lebih dari 120.000 orang. Ada 10.000 gereja cabang di seluruh dunia termasuk 56 cabang gereja domestik, dan sejauh ini telah mengirimkan lebih dari 102 misionaris ke 23 negara, termasuk Amerika Serikat, Rusia, Jerman, Kanada, Jepang, Cina, Perancis, India, Kenya, dan banyak lagi.

Hingga tanggal penerbitan buku ini, Dr. Lee telah menulis 101 buku, termasuk bestseller *Merasakan Kehidupan Kekal Sebelum Kematian, Hidupku Imanku I & II, Pesan Salib, Ukuran Iman, Sorga I & II, Neraka,* dan *Kuasa Allah.* Tulisan-tulisannya telah diterjemahkan ke dalam lebih dari 76 bahasa.

Kolom-kolom Kristennya muncul pada *The Hankook Ilbo, The JoongAng Daily, The Chosun Ilbo, The Dong-A Ilbo, The Munhwa Ilbo, The Seoul Shinmun, The Kyunghyang Shinmun, The Korea Economic Daily, The Korea Herald, The Shisa News,* dan *The Christian Press.*

Saat ini Dr. Lee adalah pemimpin dari banyak organisasi dan asosiasi misi termasuk: Termasuk Ketua dari The United Holiness Church of Jesus Christ, Persiden Tetap dari The World Christianity Revival Mission Association; Pendiri dan Ketua Dewan dari Global Christian Network (GCN), Pendiri dan Ketua Dewan dari The World Christian Doctors Network (WCDN), serta Pendiri dan Ketua Dewan dari Manmin International Seminary (MIS).

Buku-buku penuh kuasa lainnya dari penulis yang sama

Sorga I & II

Sketsa mendetil tentang indahnya lingkungan hidup yang dinikmati oleh warga sorga pada tingkat kelima kerajaan sorga.

Pesan Salib

Pesan kebangunan penuh kuasa bagi semua orang yang tertidur secara rohani Di dalam buku ini Anda akan menemukan kasih sejati Allah dan mengapa Yesus menjadi satu-satunya Juru Selamat.

Neraka

Sebuah pesan yang sungguh-sungguh kepada seluruh umat manusia dari Allah yang tidak ingin satu jiwa pun jatuh ke kedalaman neraka! Anda akan menemukan penjelasan yang belum pernah terungkap sebelumnya mengenai kenyataan kejam tentang Hades dan neraka.

Roh, Jiwa, dan Tubuh I & II

Sebuah buku panduan yang memberi kita pengertian rohani tentang roh, jiwa, dan tubuh dan membantu kita mencaritahu 'diri' seperti apa yang telah kita buat supaya kita dapat memperoleh kuasa untuk mengalahkan kegelapan dan menjadi manusia rohani.

Ukuran Iman

Tempat tinggal seperti apakah, serta mahkota dan upah yang bagaimana yang disediakan bagi Anda di surga? Buku ini memberikan dengan hikmat dan bimbingan bagi Anda untuk mengukur iman Anda dan menanam iman yang terbaik dan paling dewasa.

Bangunlah, Israel!

Mengapa Allah menujukan mata-Nya kepada Israel mulai sejak permulaan dunia sampai hari ini? Apa saja jenis pemeliharaan-Nya yang telah disiapkan untuk Israel di hari-hari terakhir tersebut, yang menantikan akan Mesias?

Hidupku, Imanku I & II

Sebuah aroma spriritual yang menarik dari kehidupan yang mekar dengan kasih tak ada bandingannya kepada Allah, di tengah-tengah gelombang kegelapan, kuk yang dingin dan keputusasaan yang terdalam.

Kuasa Allah

Sebuah bacaan wajib yang menjadi panduan penting tentang bagaimana seseorang dapat memiliki iman sejati dan mengalami kuasa Allah yang ajaib.

---

www.urimbooks.com

www.ingramcontent.com/pod-product-compliance
Lightning Source LLC
LaVergne TN
LVHW041927070526
838199LV00051BA/2736